沟 通 能 力 与 智 慧 人 生

Communication skills and wisdom life

程 明 / 吴 险 峰 —— 著

SPM 南方传媒 | 广东人民出版社
·广州·

图书在版编目（CIP）数据

沟通能力与智慧人生 / 程明，吴险峰著. —广州：广东人民出版社，
2024.4

ISBN 978-7-218-17479-2

Ⅰ. ①沟… Ⅱ. ①程… ②吴… Ⅲ. ①人际关系学 Ⅳ. ①C912.11

中国国家版本馆CIP数据核字（2024）第066515号

GOUTONG NENGLI YU ZHIHUI RENSHENG

沟通能力与智慧人生

程 明 吴险峰 著

出 版 人：肖风华

责任编辑：陈 晔 黄炜芝
策划编辑：魏璋倩
责任技编：吴彦斌

出版发行：广东人民出版社
地　　址：广州市越秀区大沙头四马路10号（邮政编码：510199）
电　　话：（020）85716809（总编室）
传　　真：（020）83289585
网　　址：http://www.gdpph.com
印　　刷：广州方迪数字有限公司
开　　本：889毫米×1194毫米　1/32
印　　张：7.75　字　　数：120千
版　　次：2024年4月第1版
印　　次：2025年6月第2次印刷
定　　价：58.00元

如发现印装质量问题，影响阅读，请与出版社（020-85716849）联系调换。
售书热线：（020）87716172

序 言
沟通能力：懂人性，通心智

口才被誉为天下第一才。著名演讲学教授邵守义先生曾经说过："是人才未必有口才，有口才必定是人才。"

沟通能力就是一个人的口才最为集中、最为全面，也最为具体的体现。如果说思考能力是万力之源，行动能力是万力之本，那么沟通能力则是万力之魂。

沟通能力不仅能让人们在交往和沟通的过程中，充分展现自己的思想、观点、价值和才华，还能获得广泛而丰富的人脉资源，以及融洽和谐的人际关系，从而助力自己获得优质的资源和合适的发展契机，使事业蓬勃发展，蒸蒸日上。

沟通要懂人性，更要通心智。

懂人性，须诚信；通心智，须有爱。

优秀的沟通一定是基于人性的沟通，因为人性是最有温度的，是能够让人感受到温暖的。而诚信又为人性之根，所谓天道酬勤，地道酬德，人道酬诚，故而诚信乃沟通之魂、交流之魂、表达之魂。

卓越的沟通一定是通心智的沟通，因为通心智才能够直达人心，才能够感人肺腑，才能够形成共情。欲通心智，必先有爱。爱是人性中最具光芒的璀璨明珠，无时无刻熠熠生辉、闪闪发光。《少有人走的路》一书中有一段话：真正意义上的爱，既是爱自己，也是爱他人。沟通中如有爱，则沟通不乏温度，就会在言谈中带有真诚，在话语中充满善意，在交流中蕴涵美感。充盈着爱意且温暖人心的沟通如缓缓的甘泉，滋润沟通对象的心田。安静于暖，安然于心，不急不躁，清淡欢颜。有如此般的心态与人交流，与人沟通，与人对话，这种沟通的场景与意境，诚如费孝通先生所言：美人之美，各美其美，美美与共，天下大同。

语言是思维的碰撞，文字是思想的沉淀。美国思想家梭罗曾说过："有着很宽页面留白的必定是好书。"现实生活中的沟通更多的是通过语言来表达，是有场景的，是鲜活的，一旦转化为文字来表述，静态的文字往往难以"言尽"其中的思想之火、智慧之光。在本书写作过程中，尤其是每章的最后关于人生智慧这部分内容"难以言尽"，文字的表述总是有一种"意犹未尽"之感。好书自不敢说，但诸多"留白"的地方只好留给各位读者品味和感悟。

沟通彰显智慧，智慧融入沟通。

时间的积累，岁月的沉淀，阅历的丰富，人生的历练，成就一个富有智慧的人，其生命所透露出来的从容淡定自如，决定一个人一生的幸福感。人生当中的，每一个人都在不断地用智慧去丰富我们的生活。比如对幸福的理解，什么叫幸福？有一段话是这么说的：小时候，幸福是一件东西，拥有就是幸福；长大后，幸福是一个目标，达到就是幸福；成熟后，发现幸福原来是一种心态，领悟就幸福！

清醒时做事，迷茫时读书！

希望在你迷茫时，这本书能帮助你启发心智，感受生命，领悟生活，通达人生。这是我们所希望看到的，也是我们当初合作的初心。

　　与春夏秋冬合其序，与天地日月合其道，与读者诸君合其律！

　　是为序。

　　　　　　　　　　　　　　　　程　明　吴险峰

目 录
CONTENTS

第一章

口乃心门户

"故言，心声也；书，心画也。"

——扬雄

　　战国时期的纵横家鼻祖鬼谷子，在《鬼谷子·捭阖》中写道："口者，心之门户也；心者，神之主也。"意思是，口是心灵的窗户，心是精神的主宰。一个人的意志、情欲、思想和智慧都要通过"口"这个门户来显示。

　　人的口，是表达内心思想的门户。一个人口中说出的每一句话，都是自己内心的显现；哪怕在说话时尽量克制自己，也很难完全掩饰自己的内心世界。

　　而心则是一切的根源。相由心生，境随心转，命由心造，沟通亦从"心"开始。

言为心声

　　语言是思维的外壳，思维是语言的内核。

　　语言是思想传递的载体，是思想的渠道，也是思想的标准；从思想之矿中开采出来的金子，必须用语言表达出来，才能彰显其价值。

　　古人云：言为心声。言语是思维和思想的反映，是心灵的镜子。从一个人的说话方式中，可以了解他的性格、思想和感情。如性格偏激者说话局促，品性恬淡者则豁达平和。

英国前首相托尼·布莱尔与反对党领袖区别之一就在于他可以时时刻刻保持笑容满面，从他的走路姿势和铿锵有力的演讲中，人们可以感受到他旺盛的精力和热情洋溢的情感。因此，尽管他的政治主张在英国国内备受争议，他本人却受到了英国民众的喜爱，被评为最受欢迎的英国首相之一。布莱尔这种热情的演讲状态是一个人精神状态的展现，这种发自内心的语言不会矫揉造作，而是自然流露。能够用热情的语言进行表达的人，一定是一个热爱生活、热爱自己的人，这也就是为什么热情的人会折射出非凡的魅力。人们透过热情的语言可以看到积极的态度，也会被这种积极的态度感染。所以热情待人，不仅要体现在工作和生活的方方面面，也应该时时刻刻地体现在沟通之中。

语言的温度就是心灵的温度，再炽烈的情感也需要通过语言的表达才能传递给别人，这个传递的过程就是分享的过程，是一个让别人更清楚地感知到热情的方法。比如在现实生活中，我们都有类似的经历：不论在什么场合，如果有人大声说到"有好消息，有好消息"，大家的注意力会马上集中到喊话的人身上。用注意力分配理论来解释，这是因为热情洋溢的表达更容易吸引人们的注意力，因为大家普遍认为，热情洋溢的状态和好消息是相伴相生的。

"话"是绝大多数人都能够使用的沟通方式，通过说话能传递一个人的情绪，表达其感情，展示其好恶，体现其世界观、人生观、价值观。正因为言为心声，人与人才能在交谈之中感受到彼此的志趣是否相投，才能交换意见，完成沟通。

瑞士语言学家费迪南·德·索绪尔曾说："语言中的一切，包括它的物质的和机械的表现，比如声音的变化，归根到底都是心理的。"语言的背后是一个人的阅历、学识、认知，是一个人看待世界、面对问题、与人交往的本质方式。

钱锺书学贯中西，知识渊博，著作颇丰。曾有个青年学子问他："怎样才能像您一样，使自己的作品被图书馆收藏？"钱锺书风趣地说："要想自己的作品能够收列在图书馆里，得先把图书馆安放在自己的作品里。"言为心声，一句话显示出钱老的修养和品行，也代表其追求和境界。钱老是这样说的，更是这样做的，一句话道尽了他一生的学术追求。

情见乎词。一名来自贫困乡村的北京大学的学生说："我努力的动力就是想改变自己的命运。"四年后，这位学生毕业了，他没有留在大城市，而是选择了回到家乡做村干部。记者问他为什么放弃大城市优渥的条件时，他说："为了改变更多人的命运。"两次回答，表明了他的两种心态：四年前是我命由我、励志图强的不甘傲气，四年后是回馈家乡、建设家乡的价值追求和无私奉献的高尚情怀。

语言之于人如此，之于企业亦如此。

中天控股集团是一家以工程服务、地产置业与社区服务、新材料制造为三大主营业务的创新型企业集团。其企业使命是"真心缔造美好家园"，"真心"是一种真诚的态度，中天控股集团以其诚信、务实，赢得了利益相关方的信任和尊重；"真心"是一种真实，中天控股集团踏实做事，努力奋斗，展示了中天风采；"真心"是一种博爱的境界，中天控股集团垒砌厚实沉稳的砖块，混合着以人情味调配的混凝土，铸就博爱的高楼大厦。

　　内化于心，外化于形。中天控股集团在内始终秉持"真心缔造美好家园"的企业使命，在外努力践行做优秀企业公民的承诺，始终以履行企业的社会责任为己任。中天控股集团的企业责任感主要体现在三方面，一是遵纪守法，诚信经营，努力为社会、为客户提供优质可靠的产品；二是做好企业，发展好企业，依法纳税，解决就业，善待员工；三是尽可能多做公益慈善，做好公益慈善。

　　中天控股集团在企业发展壮大的同时，时刻牢记自己的使命和责任，坚持践行"真心缔造美好家园"的企业使命，在社会责任中感受奉献的快乐和价值，中天控股集团也因此赢得了客户、行业、社会的广泛认同和良好口碑。

　　论有技巧，更讲诚心。言表之"心"，有两重意境。第一重是洞察消费者的心理，敏锐捕捉受众的需求和倾向，挖掘出受众潜藏的、自身还未明了的欲望；第二重是贴合客户的心愿，将客户的愿景具象化、实操化，充分地阐释策划的核心要义，让客户理解透彻，才能去贯彻实施。

　　言为心声，辞随意生。语言和思想，两者互为表里，相得益彰。语言是运载和传播思想的工具，从属于思想。语言表达受思想的引导和制约，也会反过来影响思想的形成和发展。

一个人想要把思想表达得清楚、明白、准确，就必须使用精确、流畅、简练的语言。叔本华说："谁想得清楚，谁就说得清楚。"想清楚、说明白，不能只是对事物有一个大概的了解、一个粗略简单的轮廓，而是要准确把握事物的形象和特征，认清事物的本质和内涵。

孔子曰："有德者必有言，有言者不必有德。"语言美是心灵美的体现，心灵美是语言美的源泉。语言和心灵本质上是一致的，心灵的美丑决定了语言的美丑。

一个讲文明、懂礼貌、有道德、有修养的人，说出话来会让人不自觉地感觉和气、文雅、谦逊；一个品质恶劣、不讲公德、我行我素的人，常常会满嘴粗话、脏话、大话、套话，让人心生厌恶。这既是由人的内在品格决定的，也是一个人内心世界的真实体现。

想要提高语言表达能力，首先要提高思想觉悟，加强道德修养，提升文化素养，培养美好心灵。如果评价语言是否优美存在唯一标准，那一定是：是否充满真情实感，表达真心实意，真实反映内心品质。

新东方英语教师董宇辉在直播间卖大米时脱口而出："什么叫美好？你在闹，他在笑；草在结它的种；风在摇它的叶子；五常大米正在开它的花；你坐在镜头前，千里之外，一直看着屏幕，龇牙咧嘴地笑。这就是美好。"这样的表述，让他全网爆红。有网友质疑是否有专业团队为其代写文案，在接受央视采访时他坦荡回应，"张口就来的小作文"不需要提前准备。

言为心声，行为心表。真正的格局和修养，不是用言语刻意表达出来的，而是体现在生活中每一个行为细节里。一言一行、一举一动，虽不起眼，却能照见一个人的素养和为人处世的智慧。

用口说话是三流的沟通，用脑说话是二流的沟通，用心说话才是一流的沟通。而将口、脑和心合一的沟通，才是沟通的最高境界。

万法归于心

世界经典短篇小说《小王子》中有这样一句话："人只有用心才能看清楚，重要的东西眼睛是看不见的。"

　　人有五种感官：视觉、听觉、嗅觉、味觉、触觉。这五种感官可以帮助我们表达自我，然而我们时常忘记感官是被"心"统帅，用心沟通虽是最高级的沟通、最难做到的沟通，但也是最简单的沟通。

　　万物之中藏有万法，万言之中亦藏有万法，沟通的方法千千万，有关沟通的书籍也有千万种，用万法破万境固然有效，但以本原之心应对万变，更显从容真切。

　　万法即归于心，心贯穿沟通始终。沟通以"传心"为起点，以"交心"为方式，以"知心"为结果。在沟通中一味地堆砌技巧，虚与委蛇，何尝不是一种本末倒置？

　　打动人心的往往不是华丽的辞藻或优美的语句，而是一颗赤诚之心。

　　"搞过对象的人都知道，一般情况下，说出'傻样'这个词，这事基本就成了百分之八十""猫走不走直线，完全取决于耗子"……从赵本山这些经典小品的台词中，可以看出他的作品受全国观众垂青的原因——语言来自生活，发自内心。

　　成功者之所以成功，是因为他们总是以积极的信念支配自己的人生。华为遭遇美国打压，依然顽强抵抗，逆境生存，越战越勇。当然，华为是一家有信念感的企业，也可以说华为的信念感来自任正非。任正非的人生多次面对绝境，但他从不向命运低头，最后实现了逆境翻盘。

用心沟通亦需要信念感。正如优秀的演员发自内心地相信自己塑造的角色，认可基于人物性格的行动合理性，和自己塑造的角色融为一体，引起观众的共鸣。与其说是演技，不如说是有了信念感之后的自然表达、真情流露。

对自己的话语，对沟通的初衷抱有信念感，会感染周围的人，展现出自信、真诚的气场。有时候征服别人的不是具体讲的内容，而是讲话人散发出的魅力和气质，这种气质一定是由内而外散发出来的。

演员张译在白玉兰奖最佳男主角的领奖台上时，主持人问了一个很难回答的问题：你跟很多女主角在戏里做过夫妻，假如让你选个老婆，谁最符合你的标准？

张译停顿了一秒，眼神坚定而真挚地回答："我们在荧幕上给大家秀恩爱，展示的貌似是我们个人的情感观，其实未必代表我们真正的生活，所以我没有资格去配得上我戏中的任何一个女演员，她们陪伴我走过这一年，感谢这些可爱的女精灵们，我配不上她们，我自愧不如。"这样真诚的回答，赢得了台下阵阵掌声。

有人说"所谓高情商就是会说话"，其实不尽然，真正的高情商从来不是油嘴滑舌、玩弄辞藻，而是在面对难题时，发自内心、真诚地表达观点，分享看法，化解尴尬。

游刃有余的沟通技巧，可以构建良好的人际关系，但真诚用心的沟通，才能真正打破人与人之间的心墙。

美国有线电视新闻网著名的脱口秀主持人拉里·金，被美国前总统奥巴马称为"广播界的一名巨人"，是美国公认的主持奇才，他主持的《拉里·金现场》堪称世界广播电视谈话节目发展史上的传奇。但很多人不知道的是，拉里·金第一次做电台主持人时，差点放弃这一职业。

"早安！这是我第一天上电台，我一直希望能上电台……我已经练习了一个星期……15分钟之前他们给了我一个新名字……刚刚我已经播放了主题音乐……但是，现在的我却口干舌燥，非常紧张。"拉里·金结结巴巴地说了一长串，却还没进入主题。第一次播音结束后，拉里·金觉得"这个节目完蛋了"，可出乎他意料的是，听众并没有讨厌他青涩紧张的表现，而是纷纷表示他的节目很真诚，带有原生的幽默趣味。

"只要能说出心里的话，人们就会感受到你的真诚。"拉里·金逐渐总结出了这个道理，并在之后的工作中坚持了下去。后来，拉里·金在《如何随时随地和任何人聊天》中强调，"投入你的情感，表现你对生活的热情，然后，你就会得到你想要的回报"。

《弟子规》中有言："读书法，有三到，心眼口，信皆要。"这用在沟通中也同样适用："沟通法，有三到，心眼口，信皆要。""心眼口"中"心"排首位，沟通应从心开始，以心为重。

2018年美国费城的一家星巴克门店里，两名非裔男子因等待朋友时间较长，向店员借用洗手间遭到拒绝。双方争执引来门店经理，门店经理发现二人并未消费后竟然报警，警察以"非法入侵"的名义将二人逮捕。随后事件在社交媒体上被曝光并引起美国社会的关注与谴责，甚至一度扩大成抗议活动。

面对此次危机，星巴克首席执行官亲自到事发地费城向两名非裔男子道歉，随后星巴克正式宣布全美8000家门店停业整顿，对17.5万名员工开展"反种族歧视培训"，造成直接经济损失超1亿元人民币。星巴克这一做法虽然造成了一定的经济损失，但是很多人对此次星巴克负责、真诚的沟通和道歉表示支持，不仅解决了冲突，化解了危机，而且大大提升了其品牌美誉度。

　　人与人之间的相处靠的就是真诚的心灵沟通，应多一点儿真诚，少一点儿伪善。真诚是打开心灵的钥匙。在沟通中，真诚可以化解双方之间的矛盾，可以浇灭对方的怒火，可以赢得对方的好感，可以获得对方的信服。真诚的关怀，温馨芳香；真诚的赞扬，催人向上；真诚的交流，获取信任；真诚的合作，赢得成功。

　　电影《功夫熊猫》中的熊猫阿宝历经磨练，最终打开神龙秘籍，却发现里面只有一张白纸。纵使武功招式繁多，最终也是万法归一，启心开悟。

　　吾心为"悟"，悟性有两种：感悟与体悟。要用"心"感悟，用"身"体悟。达到身心合一，沟通自然水到渠成。

口才与口德

20世纪40年代，美国人将"口才""金钱""原子弹"当成生存的三大法宝，到了20世纪60年代，三大法宝变成了"口才""金钱""计算机"。口才是一种文化，不管社会如何变化，口才的作用一直独占鳌头。

央视王牌主持人撒贝宁因为睿智和口才深受观众喜爱。他曾说："我喜欢演讲，因为我爱上了那种站在舞台上，当着所有人的面，直抒胸臆的感觉。演讲给了我自信，演讲锻炼了我的心理素质和应变能力，演讲对我人生的发展进步起到了巨大的推动作用。"

在当今社会，口才是任何一个人表达自我、和他人建立联系、通往成功的必要条件之一。各种职业、各年龄阶段的人都需要锻炼自己的口才，因为每个人都是一座"孤岛"，唯有语言是连接岛与岛的桥梁，口才越好，桥梁越稳固，搭建的桥梁越多，得到的各种机会就会越多。

史蒂夫·乔布斯任职时的每次苹果手机发布会阵容像奥斯卡颁奖典礼一样，能够吸引全世界的目光。乔布斯的演讲睿智且充满激情，总能引起台下无数的掌声、尖叫声，很多"果粉"热衷于"苹果"，很大一部分原因在于对乔布斯本人的崇拜和追随，从而掀起了"粉丝"经济的浪潮。

口才并不是一种天赋的才能，是靠刻苦训练得来的。古今中外历史上一切口若悬河、能言善辩的演讲家、雄辩家，无一不是靠刻苦训练才获得成功。

日本前首相田中角荣，少年时口吃，但他不被困难吓倒。为了克服口吃、练就口才，他常常朗诵、慢读课文，为了准确发音，他对着镜子纠正口和舌根的部位，严肃认真，一丝不苟。

"口才是社交的需要，是事业的需要，一个不会说话的人，无疑是一个失败者。"此话出自美国前总统亚伯拉罕·林肯，现在大家想到林肯，可能只记得他睿智精炼、振奋人心的葛底斯堡演说，却少有人知道，他天生患有口吃，连正常说话都难以做到。但是他立志要成为善于雄辩的律师，为了锻炼口才，他经常徒步30英里，到一个法院去听律师们的辩护词，看他们如何辩论，如何做手势，他一边倾听，一边模仿，独自对着大海、树桩拼命练习。

有口才的人说话"言之有物、言之有序、言之有理、言之有情"。

表达力就是生产力，可以通过有效的表达来实现一定的目的。李开复、俞敏洪等人都淋漓尽致地展现了表达与演说可以创造的巨大价值。口才已经不仅仅是"口"上的能力，它包括了七种要素：

一、学——学习。世界上不存在彻彻底底的"原创"，创新就是旧元素的新组合。要学会站在巨人的肩膀上前行，因此要孜孜不倦，不断吸纳新的知识，丰富自己的素材库，将前人的经验智慧内化为自己的语言表达体系。

二、识——见识。提升个人的认知能力、辨别能力。一方面选择经典的素材，另一方面根据自身的需要和目标，选择更有针对性的材料去学习，避免被繁杂的信息干扰。

三、练——练习。有了输入之后，还要学会有效地输出，这就需要大量的、持之以恒的练习，聚沙成塔，水滴石穿。从模仿开始，逐渐找到自己的风格。

四、胆——胆识。要敢于抓住一切机会，勇于突破自己、打开自己。在舒适圈里固然稳妥，但是蚕蛹只有挣脱茧壳才能蜕变为蝴蝶。改变一定伴随着不适，即使没有机会，也要创造机会，去展现自己、历练自己。

五、情——情感。口才不是滔滔不绝、口若悬河，而是以言传情、以情动人、言为心声，表达自己的真情实感。同时懂得感同身受。

六、体——肢体。所谓气沉丹田，一个人说话有底气一定是从丹田发声，保持良好的精神状态，用气场去感染他人，并辅之以恰当的手势、表情、姿态，帮助他人更好地理解。

七、德——口德。口才只是沟通能力的一方面，评价一个人更重要的是口德。无才无德，是为庸人；有才无德，不能委以重任。没有口德的人，终会伤人害己，无法成就事业。

外修口才，内修品德，内外兼修。一个人能说话是一种本能，会说话则是一种修养。为人处世，聪明与智慧往往只有一步之隔，看清事态是聪明，有口德则是一种智慧。孔子曰："君子欲讷于言而敏于行。"做人做事，都要三思而后行，口出善言，才能广结善缘。

美国种族歧视问题由来已久，因为肤色不同而引发的各种暴力事件每天都在上演。一个白人家庭，因为小孩半夜发烧，需要去医院，搭乘了一位黑人司机的出租车。上车后，小女孩看了黑人司机一眼，问道："妈妈，为什么司机叔叔皮肤的颜色和我们不一样？"妈妈听到先是眉头一紧，想了想笑着回答说："因为上帝要让世界缤纷多彩，所以创造了不同颜色，但是我们并无区别。"

听到这句话，司机一路紧绷的神经彻底放松了。到医院后，司机坚决不收钱，说道："小时候，我也问过我母亲同样的问题，但是她说因为我们是黑人，所以低人一等，如果换成您今天的答案，或许我就会是另外一个我了。"

所谓"口能吐玫瑰，也能吐蒺藜"，人生的修行其实就在自己的一言一行中。语言有时像把锋利的刀子，很多时候伤人于无形，随口而出的话，在不经意中可能给他人造成巨大的影响。

口德是一个人品德涵养的体现，是长期在敬畏之心中养成的一种高尚情操。拥有这种情操的人，内心世界清净，自然口无恶言。所以，口德的养成是从净化心灵、端正意念开始。每一次思正道的观念深入内心，都是一次善念的培养，在心灵世界写出善言之文，最终化成字字珠玑的口德。

心灵沟通的境界

前文说到，沟通有三重境界：三流的沟通用嘴，二流的沟通用脑，一流的沟通用心。心灵沟通亦难亦简，难在对己坦率、对人诚实；简在只要打开心门，就能以真心换真心。

常言道："心口如一终究好，口是心非难为人。"根据沟通对象的不同，沟通可分为三种类型：自我沟通，与他人沟通，与公众沟通。这三类沟通都需要达到心口如一、开诚相见。

可能有人觉得，自己对自己怎么会有所隐瞒和欺骗？但殊不知，人经常欺瞒的就是自己，会为了内心的一时舒畅，说出很多自欺欺人的话来。心理学家弗洛伊德把人格分为本我、自我、超我。"本我"代表欲望，受意识控制，遵循快乐原则，个人为避免痛苦、自责、悔恨等消极情绪，会采取多种方式来逃避现实，其中之一就是欺骗自己、掩盖事实，给自己"洗脑"；"自我"根据现实的原则行事，负责处理现实世界的事情，遵循现实原则；"超我"遵循道德和诚实的原则，是良知或内在的道德判断，会抑制"本我"的冲动。

　　在与自己沟通时，要合理地认识和减少"本我"的不当压抑行为，按照现实的"自我"有效行动，实现事业追求的"超我"，只有自身的语言和心灵"内循环"通畅，才能以一个和谐自如的状态去面对他人。

　　法国大文豪雨果曾经说过："人生是由一连串无聊的符号组成。"的确，我们生活中的大多数时光都在很普通的日子里度过。有时，在看似很正常的生活中，我们却似走进误区，被一些莫名其妙的情绪、感受占据了内心，感觉生活有点儿浑噩、有点儿疲惫、有点儿茫然、有点儿怨恨、有点儿期盼、有点儿幻想。

　　于是，我们总是在冥冥之中希望有一个天底下最了解自己的人，能够在大千世界中坐下来静静倾听自己心灵的诉说，能够在熙熙攘攘的人群中为我们开辟一方心灵的净土。可俯观芸芸众生，可倾诉的知己并不多，"万般心事付瑶琴，弦断有谁听"？

　　其实，我们自己不就是自己最好的知音吗？当你感到烦躁、无聊的时候，不妨和自己对话，让心灵退入自己的灵魂中，自己与自己亲密接触，静下心来聆听自己心灵的声音，问问自己：我为何烦恼，为何不快？人生至此，我得到了什么、失去了什么？我还想追求什么？

开阔而清静的心灵空间是美好生活的一部分。相信我们每个人内心中都有一个心灵的避风港，当我们在人生旅途中走累了、烦了，不妨走进自己的心灵小屋，安静下来，把琐碎的事情、生活的烦恼暂时抛到九霄云外，静静地倾听自己心灵的声音。

所谓"横看成岭侧成峰，远近高低各不同"，人因境遇、学识等因素的不同，对同一件事物的看法会有所不同，这时智慧的人能够做到让自己的言语和他人的心灵契合，和公众的心灵契合。

闻名于世的励志成功学大师拿破仑·希尔，在几家报刊上刊登了招聘秘书的广告。应聘的信件如雪片般飞来，但这些信件内容大多如出一辙，比如第一句话几乎都喜欢这样开头："我看到您在报纸上招聘秘书的广告，我希望可以应征到这个职位。我今年××岁，毕业于某学校，如果能荣幸被您选中，一定兢兢业业。"希尔对此感到很失望，正琢磨着是否放弃这次招聘计划时，一封信件让他眼前一亮，认定秘书人选非此人莫属。

那封信是这样写的：

敬启者：

　　您所刊登的广告一定会引来成百乃至上千封求职信，而我相信您的工作一定特别繁忙，根本没有足够的时间来认真阅读，因此，您只需轻轻拨一下这个电话，我很乐意过来帮助您整理信件，以节省您宝贵的时间。您丝毫不必怀疑我的工作能力与质量，因为我已经有十五年的秘书工作经验。

　　希尔评价说："懂得换位思考，能真正站在他人的立场上看待问题、考虑问题，并能切实帮助他人解决问题，这个世界就是你的。"

　　高山流水觅知音，知音至交不在于滔滔不绝的交谈，更多时候是一切尽在不言中的妙处，是一个眼神就互相明了心意，是一句简短的话语背后丰富的内涵。心有灵犀，心照不宣，心领神会，达到了心灵沟通的境界。心灵契合存在于心灵与灵魂之间，它是智慧，是颖悟，是惬意，是安详，不需要面红耳赤的争辩和喋喋不休的解释。

口乃心门户，人心归正道

欣赏一个人，始于颜值，陷于才华，忠于人品，这是世间的识人之法，但对于自我的要求，顺序应该反过来，即修于人品，精于才华，显于外表。学习沟通技巧不仅是提升仪态上的谈吐，更是修炼内心的气度。

相由心生，话由心启。人生中，真正能给自己的生命和身边的人带来福祉的有两样东西：一是智慧，一是善良。"天地之性，人为贵。"我们在人生中要抱进取之心工作，怀感恩之心生活，要始终坚守住生命和人性的底线，知行合一，说人听得懂的话，做幸福众生的事。

> 天意起斯文，不是一封书，安得先生到此；
> 人心归正道，只须八个月，至今百世师之。

这副对联贴在潮州韩文公祠，是歌颂韩愈的千古名联。上联"天意起斯文"，源自《论语》"天之将丧斯文也"，是说韩愈在文坛的重要地位，位于"唐宋八大家"之首，拥有崇高声望。他重视写作者的品德修养，重视写自己的真情实感，扭转文坛颓风。

下联表达了后人对韩愈的敬仰与缅怀之情，韩愈因秉公直谏被贬，被称赞为"百世师之"。他虽在潮州任职仅八个月，却兴利除弊，倡办学校，让潮州有了很大的发展，对潮州文化产生重要影响。因此，苏轼称赞韩愈"文起八代之衰，而道济天下之溺；忠犯人主之怒，而勇夺三军之帅"。

"口乃心门户"——他的口，直抒胸臆，为苍生立言谋福；"人心归正道"——他的心，刚正不阿，正气凛然，受世人称赞景仰。

歌德说过："无论你出身高贵或者低贱，都无关宏旨，但你必须有做人之道。"中天控股集团的名字"中天"取自"中立弘德，天人合一"之意，其中"中"指的是中正，是坚守正道。"匠心不变，正道长青"，"正道经营，客户至上"。市场变化风云莫测，企业分化迭代正在加快，但中天控股集团始终保持自己的定力，恪守行业本质，秉承中天特质，用对产品质量和服务能力的坚守，诠释企业正道，实现与客户的双赢。

世界著名实业家、日本"经营四圣"之一的稻盛和夫曾论述人生的意义，他认为应当"勤奋工作，满怀感谢之心，思善行善，真挚地反省，严格地自律，在日常生活中不懈地磨炼心志、提升人格。换句话说，全力以赴去做好上述理所当然的事情，这就是人活着的意义之所在。"

正道是心存善意，光明磊落，而智慧则是让自己更理智、灵活地去驾驭这一正道，并外化成语言和行为，在知道什么是对错的基础上行使正确的力量，不管是面对自己、身边的人还是公众，都能真诚沟通，给予友善的指导和帮助，让正确的思想产生正确的力量，最后自然形成一个充满温暖、正能量的结果。

内心的善意外化成的语言同样能感化内心。如果人与人之间都能秉持正直之心，诉说真心之话，便能形成善与善的正向循环。

王阳明说："越是艰难处，越是修心时。"科举放榜时，其他考生发现自己没考上就开始号啕大哭，只有王阳明面无表情。大家以为他太过伤心了，便都来安慰他。但王阳明却微微一笑说："你们认为落榜是耻辱，我却认为为落榜动心才是最耻辱的。"

口乃心门户，人心归正道。人生中会遇到很多的艰难困苦，越是在这种时候越能体现自身的心性修养。

"不以物喜，不以己悲"，面对风浪挫折泰然处之，淡定自若。

向外给予，向内探求，锻炼沟通，修炼心性，内外之间，人心正道。

一切始于心，而最妙的沟通亦始于内心。

◎ **阅读心得**

_____

_____

_____

_____

_____

_____

_____

_____

_____

_____

_____

_____

_____

第二章

一看二听三才说

"夫达也者，质直而好义，察言而观色，虑以下人。"

——《论语·颜渊》

古希腊哲学家苏格拉底曾经说："上天赐给每个人两只耳朵，一双眼睛，而只有一张嘴巴，就是要求人们多听多看，少说话。"这句话里蕴涵着丰富的智慧与哲理。

鬼谷子曾云："耳目者，心之佐助也。"听觉和视觉是辅助人类沟通与思考的重要工具。以眼观，以耳听，以心思。开拓视听，才能言之有物；多闻多见，才能慎言慎行。"世事洞明皆学问，人情练达即文章。"不懂看，何以洞明世事？不会听，何以练达人情？

一看，二听，三才说，这是通过沟通赢得智慧人生的核心要义。

没有调查就没有发言权

"没有调查就没有发言权。"这是毛泽东同志在1930年撰写的《反对本本主义》一文中，为反对当时红军中存在的教条主义思想而提出的重要论断。

沟通就是一种"发言权"。在与人交往时，我们要想满足他人的心理需求，把话说到他人的心里去，就要更加敏锐地观察他人，洞察他人的心思，这样才能把话说到点子上。所以在沟通中，"没有调查就没有发言权"依旧是一个不变的真理。

高明的沟通者往往具有以下特点：第一，主动熟悉对方；第二，多看多听；第三，使用恰当的语言表达。所以，良好沟通的第一步，并不是讲话，而是调查、观察，是先熟悉沟通的对象。

亚伯拉罕·林肯说过一句话："当我准备发言时，总会花2/3的时间琢磨人们想听什么，而只用1/3的时间考虑我想说什么。"

宋代大文豪苏轼将自己的人生心得、处世智慧融入到文字中。他在《石钟山记》中说："事不目见耳闻，而臆断其有无，可乎？"全文主要记叙苏轼抱着对两位古人关于石钟山山名由来之论的怀疑，夜行扁舟去石钟山一探究竟。最后，苏轼用行动证明：要想正确判断一件事，必须要深入实际、认真调查。虽然因为种种原因，苏轼当时考察得出的结论并不完全正确，但苏轼这种为迫切得知真相而不避艰险、亲身探访的精神是值得肯定的。

吉杜·克里希纳穆提说过："不带评论的观察是人类智力的最高形式。"我们要观察事实，而不是在我们的个人偏见上做出反应，这样才能为良好的沟通打下坚实的基础。英特尔公司前首席执行官安迪·葛洛夫曾说："有效的沟通取决于沟通者对话题的充分掌握，而非措词的甜美。"不可否认，每个人的心理需求会有差异，所以在人际交往中，要想避免陷入沟通困境，我们必须用心观察，用充足的"调查"获取"发言权"，用敏锐的观察看穿别人的心墙。

曾经有一个测试，让几个孩子在上学的路上，看到一个老爷爷在泥里推车，孩子们看到老爷爷推车，都去帮忙了，结果弄得一身泥。放学后，这些孩子的妈妈们看到泥猴一样的孩子，没问原因就不由地责备起来。而当得知真相后，她们又是感动又是内疚。所以孔子说："视其所以，观其所由，察其所安。人焉廋哉？人焉廋哉？"这告诉我们，要从多方面去了解才能看清楚事实。

调查是谋事之基、成事之道，缺乏调查，易先入为主、主观定调，扭曲客观事实。

西汉刘向在《说苑·政理》中写道："耳闻之不如

目见之，目见之不如足践之，足践之不如手辨之。"意思是耳朵听到的不如亲眼看到的，亲眼看到的不如自己调查到的，自己调查到的不如亲手操作的。

在沟通时，如果不愿意花时间去了解事实真相，不了解真实原因，就匆匆忙忙地下结论，往往会断章取义，非但无法提升沟通效率，反而容易造成"沟而不通"的后果，甚至引起双方的误解。

因此，没有调查就没有发言权，没有调查就没有好的沟通。

▌眼观六路，耳听八方

《逸周书》中有云："以言取人，人饰其言；以行取人，人竭其行。"意思是说，以一个人的言论来判断他，那么人人都会学着掩饰自己的言语；以一个人的行动来判断他，那么人人都会竭力于做实事。孔子曰："始吾于人也，听其言而信其行；今吾于人也，听其言而观其行。"就是说，认识一个人不要只听他说什么，更要看他做什么。

在人际交往中，我们想要看得真、听得明，需要像千里眼、顺风耳一样，时刻做到耳听八方以察言，眼观六路以观色，才能在人际沟通中做到游刃有余。

知乎上有个问题：高情商的人都有什么表现？有个高赞回答：看人看脸，听话听音，懂得察言观色。

眼观六路可以体现为察言观色。为人处世，一个核心的本领就是察言观色。不清楚对方心里想什么，就无法把话说到对方的心里去，做事情当然就无法取得满意的结果。要想把事情做好，就一定要在洞察人心、揣摩人意上多下工夫，正所谓"进门看脸色，出门观天色"。一个人的情绪和心理往往会通过面部表情表现出来。懂得察言观色的人，往往可以通过对方的脸色读懂对方的心意，从而随机应变、见机行事，办起事情来自然也就得心应手、游刃有余了。

知名演员黄渤出演《斗牛》的时候，和女主角闫妮一同接受采访。闫妮说："我之前合作的男星都是帅哥级别的，我跟你演夫妻，我就知道我要走向丑星的行列了。"言下之意调侃黄渤的长相难看。黄渤随即说："那我跟你演，我就要走向帅哥的行列了。"恰到好处的幽默，不仅巧妙化解尴尬，还表达了对闫妮的赞美。

像黄渤这样真正懂得察言观色的人，人际关系都不会太差，他们从来都不会让别人难堪，还能不着痕迹地化解尴尬，让人如沐春风。历史上也有许多这样鲜活的例子，拥有巧变智慧的辩士们，在得失之间察言观色，进退之机把握得宜，巧妙地化解各种危机。

耳听八方可以体现为善于倾听。这个世界上最得人缘的不是会说话的人，而是懂得倾听的人。倾听是一门学问，倾听别人说话，不仅表明你对别人的尊重，还是一种暗示性的赞美，表示你很在乎对方的谈话，很重视对方的意见。人们在互相倾听中，通过沟通和了解，才能建立起和谐融洽的关系。常言道："一双灵巧的耳朵胜过十张能说会道的嘴巴。"倾听是一种理解、一种等待，更是一种爱。

如果你希望自己成为一个善于谈话的人，那就需要先做一个乐意倾听的人。沟通中，全心而真诚地倾听，是对他人的尊重，更是沟通的目的得以完成的必要过程。

"脸上的表情，天上的云彩。"聪明人会通过观察他人的言语脸色，揣摩他人的意图，根据对方的言行举止、喜怒哀乐等来分析自己的言行是否合理，做到有的放矢。一个善于察言观色的人，不仅能让别人化解尴尬，还能帮自己化险为夷。"眼观六路，耳听八方"，才能实现真正有效的倾听，在倾听的过程中观察他人，体会对方的感受与需要，然后在反馈与互动当中，达成沟通的最佳效果。

眼观六路，人情练达尽收眼底；耳听八方，知己知彼出口成章。

听话听音，锣鼓听声

常言道："听话听音，锣鼓听声"，意思是听人说话，要善于聆听他人的弦外之音，明白话里的真正意思，就像听锣鼓一样，要听出它的节奏和音响。

中华民族自古以来就讲究说话委婉，不少人"逢人只说三分话"，在关键处语言较为含蓄，或旁敲侧击，或只言片语，或话中有话。这些"弦外之音"就是别人不便明说的言外之意，它传达的信息极其微妙，需要我们精心捕捉、认真揣摩各种"话里话"的意思，以便得知其真正用心，只有这样才能避免言语行为的盲目性。

《战国策》中有不少此类篇目，《触龙说赵太后》就是其中较为典型的一篇。

《触龙说赵太后》写触龙在太后盛怒、坚决拒谏的情况下，先避开矛盾，以自己的小儿子说事，阐明"位尊而无功，奉厚而无劳"，必将导致"近者祸及身，远者及其子孙"，委婉地指出太后对幼子的爱其实并不是真正的爱，当"为之计深远"。由于说理透彻，赵太后听出了弦外之音，改变了原来的态度，将长安君作为人质，齐国终于同意出兵，有效化解了危机。

话中有话，话外有音。这就要求我们不但要善于倾听，还要能领悟到"话外音"。相反，如果听不懂话中的意思和背后的目的，就不能采取正确的说话策略，甚至误会对方的意思，让自己处于困境之中。

在人与人之间的沟通中，出于种种原因，有时候对方的某些意思是通过委婉含蓄或闪烁其词的话语表达出来的。对于这潜藏其中未明白说出的话，倾听者必须留意对方说话的语气、声调、用词、神态和谈话的背景，并通过这些仔细去体会对方的言外之意，这样才能真正理解对方说话的意图和内涵，从而作出正确的判断和回应，以达到沟通的效果。

马克·吐温有一次到某地旅店投宿，别人事前告知他此地蚊子特别厉害。他在服务台登记房间时，一只蚊子正好飞过来。马克·吐温对服务员说："早听说贵地蚊子十分聪明，果不其然，它竟会预先来看我登记的房间号码，以便晚上对号光临，饱餐一顿。"

服务员听后不禁大笑。

结果那一夜马克·吐温睡得很好，因为服务员当下就记住了他的房间号码，提前进房间做好灭蚊防蚊的工作。

《哈佛商业评论》说："听，其实是我们有待开发的潜能。"说话，固然是一门艺术，如何听懂话，更是一门学问。一个人如果不会听话，就不能通盘了解人事、人情，更不能了解人心。如果与人沟通听不出重点、听不出话外音，就很可能无法获得真正有意义、有价值的信息，甚至错失机遇。

听有三个目标，一是听出信息。这里的信息是指我们需要的、能为我们所用的东西。有时候，对方说起话来滔滔不绝、没完没了，这就需要我们能够判断哪些有用、哪些没用，去粗取精、去伪存真。

二是听出真意。与别人沟通时，对方可能出于礼貌、客气、自谦、避讳或者自身性格等，常常"顾左右而言他"，迂回、间接地或通过暗示来表达自己的意思。这就需要我们认真揣摩，听出其中的真意。

三是听出情绪。汉代扬雄在《法言·问神》中说："故言，心声也。"即言为心声。言谈之中，往往流露出一个人的心理、情感和态度。这就需要我们在沟通时做到一听、二想、三看：听就是听语气、听声调、听音量、听重复等；想就是想一下对方的这些话是在什么情况下讲的；看则是指察言观色，看对方说话时的表情、动作、行为等。听人说话时，三者缺一不可，唯有如此，才能真正听出对方的情绪。

沟通的成效不在于双方说了多少，而是在于彼此听懂了多少。成功者的耳朵往往擅长听到弦外之音。有些没说出口的话，恰恰是沟通的关键。

说者有心，听者无意。这是沟通中经常出现的困境。说话的人费尽心机，想尽可能让听者明白；而听的人却总是不得要领，听不出对方话里的弦外之音，不能真正明白对方的意思。于是，听的人很着急，说的人更着急。所以，与别人在聊天过程中，不能轻信对方语言的表面意思，而是要分析话语中的弦外之音，那才是对方真正想要表达的意思。

纪伯伦曾经说过："如果你想了解一个人，不是去听他说出的话，而要去听他没有说出的话。"弦外之音，到底是什么"音"呢？弦外之音就是余音，是在表面掩饰之下真正的意思，需要认真体会才能有所领悟。

倾听别人说话的时候，我们不仅要用耳朵，更重要的是用心。有的人只是在交流信息，而有的人交流的是感受和情感。在我们与他人的沟通交往时，语气比语言更富有个人的感情色彩，一个人的心态性格对语气表达出的感情色彩有直接影响。透过一个人说话的语气和神态，能看出其性格特点。说话声音大、喜欢大喊大叫的人通常比较暴躁，为人耿直；说话有力的人一般比较刚毅。每个人都有自己的个性，每个人也都有自己的语言风格。人的语言风格在一定程度上反映出人的内心世界。

我们经常说到"聪明"二字，何谓聪明，即耳要聪、目要明。

聪明的"聪"，繁体的写法是"聰"，偏旁是耳，即要懂得倾听，才能获知实情；另一半是"囪"和"心"，"囪"在古代为天窗之意，意味着光线明亮，眼睛看得清，心里才能想得明白。下面的"心"即说话做事前要懂得用心思考和权衡。

聪明的人，耳朵、眼睛、心三者与口保持统一，在沟通中往往会根据对方的言辞甚至面部表情和动作来了解其内心的情绪变化，及时调整沟通的措施，以做到谋定而后动。这样才合乎"守中"之道，才是所谓的"聪明人"。

会听话是聪明，会说话是精明，会回话是高明。

一秒钟原则

听完对方讲话后不要着急发言，应下意识给自己留一秒钟的反应时间，这就是沟通中的"一秒钟原则"。

拿破仑·希尔曾说："在你说话之前要三思而后行，因为你的言辞会在你的听众头脑中播下成功或失败的种子。"短暂的缓冲可以让你利用停顿的时间帮助自己开启理性表达，而不是只凭直觉和情绪直接给对方反馈。你还可以通过正在认真思考的这个动作，让对方更慎重地对待你接下来的反馈。

"静者心多妙，飘然思不群。"沉不住气的人在冷静的人面前最容易失败，因为急躁的心情已经占据了其心灵，让其没有时间考虑自己的处境和地位，更不会坐下来认真思索有效的对策。

都说祸从口出，给自己留一秒钟的反应时间，甚至保持沉默，可以避免自己随口说出的话造成双方交流的不愉快。尤其在一些特定的场合，他们常常会因为一句不合时宜的话将自己逼入死角。

美国心理学教授约翰·古德曼提出了著名的"古德曼定律"：短暂的沉默可以调节说话的节奏。没有沉默，一切交流都无法进行。沉默在谈话中的作用，就相当于零在数学中的作用。虽然是"零"，却很关键。

当然，沉默并不是指一味地不说话，而是一种成竹在胸、沉着冷静的姿态，尤其是在神态上表现出的运筹帷幄、决胜千里的自信，以此逼迫对方沉不住气，先亮出底牌。在最常见的讨价还价中，往往是不等对方发言，就迫不及待地开价的一方，让别人钻了空子。

托马斯·爱迪生想卖掉一项发明专利，然后建造一个实验室。因为不熟悉市场行情，不知道能卖多少钱，他便与妻子商量。妻子也不知道这项技术究竟值多少钱。她一咬牙，发狠心地说："要两万美元吧。"爱迪生笑着说："两万美元，太多了吧？"

一个商人听说了这项发明后，表示很感兴趣。在商谈时，这位商人问到价钱时，刚好他妻子不在家，爱迪生认为两万美元太高了，不好意思开口。这位商人几次追问，爱迪生始终沉默不语。最后，商人终于按捺不住了。"那我先出个价吧。10万美元，怎么样？"爱迪生大喜过望，当场与商人拍板成交。

沉默，是一种无声的语言。说话的最高境界就是此时无声胜有声。懂得沉默的人，能够在谈话中以静制动，在交际中可进可退，掌握主动权。

有一次，戴尔·卡耐基发现他新买的衣服掉色，想拿去店里退掉，结果店员还没听完他讲话就与他争执了起来。

这时，经理走过来询问卡耐基遇到了什么问题，并沉默着倾听了卡耐基的全部诉求。经理温和的态度令卡耐基的火气消了大半，他最终同意再试穿一个星期看看效果。

一个人侃侃而谈，是因为他的心思被拨动了；我们默默地听，是因为静下心来才能体察到对方的真意。所以要"因其言，听其辞"，以自己的安定、镇静来应对对方的浮躁不安，趁势借力，与对方达成良好的沟通。

马克·吐温曾经说过："宁愿闭口不说话，也不要急于表现自己。"话不是想怎么说就怎么说，说话之中蕴藏着大智慧。莎士比亚也在《哈姆雷特》中写道："不要想到什么就说什么，凡事必须三思而行。"

现实生活中，许多人的沟通仅仅是等待自己说话的机会，不会认真他倾听别人，或是经常不耐烦地打断他人的谈话。"是的，是的""我知道，我知道""事情根本不是这样的"，非常迅速催促对方，甚至进行"习惯性反驳"。这种沟通就像拳击手之间的相互攻击，气氛剑拔弩张往往会听话听半截，使我们掌握的情况不全面，沟通效果也不尽理想。

山中有直树，世上无直人。树越直，越挺拔，长得越高，也就越有用。但人说话不能太快、太直，否则容易处处碰壁、招人嫉恨，也是情商不高的表现。有理不在声高，也不在语快。静静地听，敏捷地思考，以退为进，才能时时刻刻掌握谈话的主动权。

水静则流深，语迟则人贵。与人沟通时，切记别把话说得太急。思考一秒钟，给自己一个缓冲，也给别人留下说话的空间，才能避免把沟通变成一场辩论赛。学会沉默这一秒，交流如同春日里的和风细雨，润物细无声。

一秒钟原则可谓沟通之中的"巧妙"原则，此中有真意。

"三察"与沟通

所谓"三察"，即观察、洞察和觉察。在沟通过程中，三者相辅相成，缺一不可。

观察是对身边人和事物的初步认知，通过观察，可以探索世界，认清客观环境与事实，还可以强化自己。洞察是人们对个人认知、情感、行为的动机与相互关系的透彻分析和判断，洞察力是指深入分析事物或问题的能力。通俗地讲，洞察力就是透过现象看本质。

如果说观察主要是用眼看、用耳听，那么，洞察则主要是用心思、用脑想。没有观察作基础，洞察就成了无源之水；没有洞察作延伸，观察也就不能深化。既有观察力，又有洞察力，才能有更好的沟通力。用弗洛伊德的话来讲，洞察力就是变无意识为有意识。就这层意义而言，洞察力就是开"心"眼，就是学会从心理学的视角来归纳总结人的行为表现。最简单的就是做到察言观色。

洞察要求挖掘事物内在的内容或意义，清楚地探究其本质。在心理学上，语言有着强大的暗示力。但有时我们也可以看到，身边的一些朋友或者情侣，他们之间不用语言交流，可能一个眼神、一个手势，就能明白对方想表达的意思。

在足球场上，有些球员之间相隔数十米，很难彼此听见对方的声音，却依然能够有精妙的配合；足球场上的裁判总共有四个，分别位于球场的场中、场两侧和场下，却能够通过不同的手势和动作实现高效的判罚。这些我们看来"心照不宣"的现象，似乎和语言无关，但这其实是一种更加具有深度的强大语言，我们称之为"肢体语言"。洞察的重点不仅仅在于话语，更多的是在于对方的整个身体。通过肢体语言，语言的力量被无限拓展了。我们在与他人沟通时，洞察这种能力，往往就能打开沟通的成功之门。

著名管理大师彼得·德鲁克曾经说过一句非常有名的话："人无法只靠一句话来沟通，总是得靠整个人来沟通。"这句话就是在强调肢体语言在沟通过程中的重要性。

曾经有科学家对肢体语言进行研究，发现两个人的沟通过程中，话语只起到7%的传达作用，语气占38%，而肢体语言在沟通中起到的作用达到了55%。显而易见，如果我们掌握了肢体语言的妙用，在沟通过程中就可以抢占先机，更好地表达自己的意思、理解他人的真正意图。

"觉察"是人必不可少的一种心理思维优势和能力。"凡事预则立，不预则废。""预"就是指觉察力、预见性。正确地把握事物本质，就必须得"预"，从周围海量信息中辨别和提炼出有用的信息，把握事物的发展规律，敏锐地体察到事物的动向，并善于发现其中的"机关"，从而解开"密码"。

"故常必以其见者，而知其隐者。此所谓测深揣情。"鬼谷子认为，人的内心情感发生变化，必然会在外表的形态上表现出来。因此，要学会观察对方的外在特征，洞察当下环境，觉察对方的内心活动。

觉察力一般是内省的，是向内观察的能力。让自己有意识地知道自己是谁，当下在做什么。能感知自己当下的情绪、感觉，知道自己的需求。

读万卷书不如行万里路，行万里路不如阅人无数，阅人无数不如贵人相助，贵人相助不如名师指路，名师指路最终还是靠自己开悟。悟性是人生当中最高的智慧，得靠自己长期的积累，才能把它内化为自己的东西。而悟性是可以自己修炼的。修合无人见，存心有天知。所有的积累、沉淀，都会在某一个时刻转化为悟性。这正是"觉察"的奥妙所在。

曾国藩曾根据观人之法，作了一个口诀："邪正看眼鼻，真假看嘴唇。功名看气概，富贵看精神。主意看指爪，风波看脚筋。若要看条理，全在语言中。"

始于观察，适时洞察，进而觉察，人际沟通的精华，尽在其中。

"观世界"与"世界观"

"世界观"究竟是什么？或者说什么是"世界观"？

　　哲学意义上的"世界观"，不是常识意义上的"观世界"。然而，人们现在对于"世界观"的理解，最大的误区就在于把"世界观"当作了"观世界"。在笔者看来，"观世界"是获取信息，形成知识体系；而世界观则是认知论，是每个人心中内化的哲学体系，是对大千世界的不同看法和不同的心理范式。

　　好好观世界，才有好的世界观。有了好的世界观，才能好好观世界。二者相辅相成，缺一不可。

　　不去观世界，何来世界观？要想观世界，最好的办法莫过于两个：读万卷书，行万里路。前人作史，把曾经的世界折叠入书，使建立体系化的世界观成为可能。一个没有系统阅读书籍的人，走遍世界只是见了更多的表象，充其量是一个"邮差"。因此，读书才是"观世界"的最佳途径。知识是思想、感情得以发展的土壤，知识也是口才能够闪耀光彩、释放魅力的基础。因此，说话者对于知识的积累就如同蜜蜂采蜜一样，要在平时多加积累和应用。日积月累，经年累月；积沙成塔，集腋成裘，积少成多。荀子在《劝学篇》也说："不积跬步，无以至千里；不积小流，无以成江海。"

　　培根说："读书足以怡情，足以博采，足以长才。"对于说话者而言，即便无心追求"黄金屋"与"颜如玉"，也应多读书。读书使人心静，心静则目明，目明则慧生，慧生则事成！读书能开阔人的眼界，给人以精神的动力与养料，使人心胸豁达、目光高远，成为一个有内涵的人。读书就是与作者进行一次心灵的沟通，读千万本书，就是和千万个作家进行沟通，看千万个作家看过的世界。书里的知识，给我们带来智慧，让我们才思敏捷，使我们具备了与众不同的素养，从而在说话时能有与众不同的表现。

观念改变心态，心态影响行动，心动才会行动。好好观世界带来好的世界观，而好的世界观才能带来好的沟通。人生中的"学""习""悟"，就是一个"修行"的过程。

苏格拉底的头脑装满了思想与智慧，尽管如此，他却永不满足，说自己仍要一直学习。很多人常去请教苏格拉底各种问题，苏格拉底说："我不关心这些问题的答案，我只关心这些问题在人们那里是如何产生的。"因此世界观决定一个人的行为，也决定了一个人的表达。

世界观来源于生活。生活是一个广阔的舞台，演绎着亲情的融融暖意；生活是一幅壮观的画卷，描绘着朋友之间的丝丝真情；生活是一座雄伟的大桥，构筑起人与人的诚挚关怀。而世界观正是在这种心灵之间的碰撞、思想之间的沟通、交流之间的融合中擦出的火花。

一花一世界，一树一菩提。世界如此之大，个体如此之小。真正具有悟性的人，能够做到"心中有天地"，与任何人沟通都能自信从容、淡定自如。这是一种"大世界观"。

眼界，注定心的格局；格局，决定人生的命运。观到的世界有多宽，自我的境界就有多广，表达也就有多出色。

◎　**阅读心得**

第三章

逆向思维
与沟通能力

"小时候，幸福是一件很简单的事；长大了，简单是一件很幸福的事。"

——宫崎骏

《道德经》云："反者道之动。"意思是说，向相反的方向转化，是"道"运动的规律，正所谓"有无相生，难易相成，长短相形，高下相倾，音声相和，前后相随"。老子所说的"祸兮福之所倚，福兮祸之所伏"，揭示的就是这个道理。这种事物向相反方向转化的规律，也可以理解为逆向思维。

美国著名的小说家马克·吐温说过："每当发现自己站在多数人一边，你都应该停下来反思一下。"在沟通时，如果只是简单地按照常理出牌，有时候反而会事与愿违，甚至是将沟通置于尴尬的境地。

正如爱尔兰剧作家萧伯纳所说："有些人只看见事物的表面，他们问的是'为什么'，而我却在想事物从未呈现出来的一面，我问'为什么不'。"将逆向思维运用于沟通之中，往往能起到出奇制胜、扭转乾坤的效果。

逆向沟通既是一种沟通表达的方式，也蕴含了诸多人生智慧。

逆向表达，出其不意

"鸡蛋从里面打破是生命，从外面打破是食物。"逆向表达，既在意料之外，又在情理之中：皆是"打破"，一里一外，却是生命与食物的差别。

从生活的常识中去感悟有意蕴、有内涵的道理，进行提炼并升华，这是基于常识而又超越知识之上的见识。"洗尽铅华始见金，褪去浮华归本真"，演讲者从生活的富矿中"淘"出"金子"，用简约而又不简单的语言将它表达出来，其中的智慧光彩夺目、熠熠生辉。

相传在19世纪初，法国一位将军在打仗时，被敌军炸断了一条腿。他被紧急送到医院后，负责擦皮鞋的勤务兵难过地哭了。将军轻声对他说："哭什么呢，你忘了吗？军人只能流血流汗，不能流泪！以后我只要穿一只皮鞋就好了，多方便呀！你只要擦一只皮鞋就够了，多轻松呀！"将军通过这样镇定自若又"出人意料"的表达所表现出的淡定、豁达与乐观，让人肃然起敬。汪国真说过："悲观的人，先被自己打败，然后才被生活打败；乐观的人，先战胜自己，然后才战胜生活。"

曾有两个旅游观光团到广东韶关的南雄珠玑巷旅

游。由于当时道路正在维修，路面坑洼不平，行走不便，加上天又下雨，稍不小心就会滑倒，于是游客们开始抱怨。其中一个观光团的导游连声道歉，但游客仍不满意。而另一个观光团的导游却诗意盎然地对游客说："诸位女士们、先生们，现在我们走的这条路，正是千百年来赫赫有名的梅关古道，请大家仔细丈量自己的脚步吧！"游客听了之后马上停止抱怨，开始以欣赏的眼光走过这条千年古道，也没有发生滑倒的事故。同样的情况，两种不同的沟通方式，产生了截然不同的效果。

为什么逆向表达可以产生出其不意的效果呢？一个很重要的原因在于，逆反心理是人类的天性，来源于人类渴望自由、拒绝束缚的天性。无论我们年龄多大，阅历多丰富，我们内心深处总是会有一颗逆反的种子，不愿意听从别人的想法，不愿意被安排和命令。因此，利用逆反的心理，进行逆向表达和反向说服，会有出其不意的效果。

将逆向思维运用于公众沟通中，可以起到四两拨千斤的作用。

史蒂芬·乔布斯曾在美国斯坦福大学毕业典礼上发

表演说，题目叫《被苹果公司解雇是最棒的事情》。在演讲中，乔布斯说："当时我的人生漫无目标，为了念书，还花光了父母毕生的积蓄，所以我决定退学，我相信车到山前必有路。做这个决定的时候，我非常害怕，但现在回头去看，这是我这一生中做出的最正确的决定之一。"台下先响起大笑声，接着是一片掌声。他接着说："当时我并没有看出来，但事实证明，被苹果公司解雇是我这一生所经历过的最棒的事情。"台下又爆发出阵阵笑声和掌声。毋庸置疑，学生们聚精会神地听完了整场演讲，乔布斯更是赢得了所有人的敬佩和赞赏。

乔布斯在演讲时，不忘将逆向思维融入表达之中，"退学是最正确的决定""被解雇是最棒的事情"，这些和惯常表达相违背的观点使他的整场演说掌声不断、笑声不断，不仅是当时台下的听众，就连现在回看视频的观众都会被乔布斯的人格魅力深深打动。

1999年10月，迫切需要投资的马云单枪匹马会见大名鼎鼎的天使投资人孙正义。马云的开场很出乎孙正义的意料，他说："我不需要钱。如果你有兴趣，我可以给你介绍一下阿里巴巴的情况。"现场介绍6分钟后，孙正义说："马云，我一定要投资阿里巴巴。"2000年

1月，双方正式签约，孙正义投入2000万美元帮助阿里巴巴拓展全球业务，同时在日本和韩国建立合资企业。马云的开场很出乎孙正义意料，"我不需要钱"，简单的几个字就让孙正义耳目一新，让他立刻对马云产生了兴趣，后面的成功投资也是基于他对马云的欣赏。

逆向表达就是敢于打破思维定势，背后蕴含着对人性的深刻把握：人最容易被新鲜事物所吸引。《孙子兵法》说："凡战者，以正合，以奇胜。故善出奇者，无穷如天地，不竭如江河。"这句话是说，打仗都是以正兵交战，以奇兵制胜。善于用奇兵者，他的计谋便如天地万物般无穷无尽，似江河湖海般川流不息。同样的道理也适用于沟通，在与人对话时，"不按常规出牌"，打破对方的语境期待，带给对方不一样的感受，往往可以达到理想的沟通成效。

在一次竞聘厂长的演说中，一名工人这样介绍自己："我一没有大学文凭，二没有丰富的经验，我只是一个心中有梦的28岁的小伙子，你们有百分之百的理由怀疑我能否担得起厂长的重任。然而，请你们仔细地想一想，我们厂长期处于瘫痪状态，历届厂长哪一个不是经验丰富、简历耀眼呢？"他的这番话一说，反而没有人拿他的两个弱点做文章，他成功地传递了一种听者从未有过的思考角度，让人们固有的评价模式发生转变。本来毫不起眼的小伙子一瞬间变得与众不同，这就是逆向表达所带来的不同凡响的效果。

我们常说"欲擒故纵"，这里的"纵"是手段，"擒"是目的。欲擒故纵，以退为进，就是善用逆向思维，达成良好沟通的一种心理战术，同样也是我们需要修炼的处世哲学。

一位哲人曾经说过："一个人前半生的悲剧是他后半生的财富，一个人一生的悲剧是后人的财富。"南非前总统曼德拉也曾说："生命中最伟大的光辉不在于永不坠落，而是坠落后总能再度升起。"这句话对那些不畏失败，或虽暂时失败但心里仍想着如何找到精神支柱的人而言，是最好的鞭策。没有这种精神和意志，没有这样的智慧和悟性，一旦遭遇挫折和困难，就会逃避现实，甚至自暴自弃、不再奋起。

在遭遇瓶颈时，逆向沟通让你柳暗花明；在关键时刻，逆向沟通让你绝处逢生。在平淡无奇中，逆向沟通让你与众不同；在芸芸众生中，逆向沟通让你卓尔不群。

反其道而"言"之

"反者道之动""反其道而行之"是逆向思维的外在表现，其本质在于"反其道而'思'之"。"你应该把食物当做药物吃，否则你必会把药物作为食物吃。"逆向思维的表达让我们的思考角度耳目一新，能感悟到非同一般的道理。

反其道而"言"之，就是逆向思维在沟通中的运用。

美国有个著名的植物园，里面种满了各种珍奇宝贵的花卉，每天都有大批游客前来观赏，但时有花卉不翼而飞的事件发生。管理人员思考很久，竖起了一张告示牌：凡检举偷窃花卉者赏金200美元！打这以后植物园再没有出现丢失花卉的现象。有好奇的游客问为什么不写成"凡偷窃花卉者罚款200美元"，管理人员若有所思地答道：如果那样写的话，只能靠我们有限的几个人去看管；而这样写可以充分调动游客，使几百、几千甚至更多的人参与我们的管理，而且还会让动机不纯的人产生一种草木皆兵的惧怕心理。

变罚为奖，变人人被管的被动局面为人人参与管理的主动局面，着实让人拍案叫绝。事实上，这正是因为管理人员转换了思维角度，改变了表达方式。

思维不变原地打转，思维一变天地就宽。运用逆向思维进行的沟通与表达往往会带来"山重水复疑无路，柳暗花明又一村"的效果。

央视主持人白岩松深谙反其道而"言"之的精髓。一次，他去采访一位知名学者，老学者正卧于病榻，满脸不耐烦，对采访并不热心，白岩松如果按照采访提纲问下去，老学者肯定会一两句话应付了事。

怎么办呢？白岩松脑子一转，有了计策，他放弃了关于老学者学术研究的相关话题，转而提出了一个完全不相关的问题："听说您当兵时，得到了毛主席的接见，鞋子都被挤掉了，当时是怎样一种情况呢？"听到这个话题，老学者的脸上立刻焕发出了兴奋的光彩，他开始兴致勃勃地谈自己的人生经历，竟一口气谈了好几个小时。就这样，白岩松出奇制胜，达到了采访的目的，顺利完成了采访任务。

白岩松站在老学者的角度上，谈论对方的一段难以忘怀的人生经历，这是对方始料不及的，也正是对方非常想要倾诉的，因而引起了老学者浓厚的兴趣。因此老子说："知人者智，自知者明。"

《创意思维与创新》一书介绍了三种逆向思维的类型：反转型逆向思维、转换型逆向思维和缺点型逆向思维。[①]白岩松采访的案例属于转换型逆向思维，而前文竞聘厂长的演说则属于缺点型逆向思维，均是在常规思维无法顺利解决问题的情况下，从另外一个方向进行思考，寻求突破。这种逆向沟通，是一种尊重，不卑不亢；是一种善良，成己成人；更是一种智慧，无往不胜。

"为善如筑台，成功由积累。"要想将逆向沟通的能力运用娴熟，需要领会其中蕴含的智慧，勤于思考，善用方法并能够活学活用。如何反其道而"言"之才能成功，具体说来有以下几点：

1. 做足功课，有的放矢。如果白岩松对老学者的经历没有充分的了解，那他肯定不会想到"当兵"这个切入点。因此，逆向沟通是建立在你对沟通对象的了解之上，这样才能抓住对方真正关心的问题，有的放矢。

---

① 程明：《创意思维与创新》，武汉大学出版社，2019年版，第126页。

2. 转换思维，改变角度。"横看成岭侧成峰，远近高低各不同。"问题一定不止一个解决方法，为什么同样的问题每个人都会有不一样的回答？那是因为每个人的阅历、世界观、价值观不同，所处的立场、看待问题的角度也不尽相同。当我们发现用自己习惯的方式无法有效地达到沟通目的时，不妨换个角度去思考，可能就会峰回路转，柳暗花明。

3. 正话反说，引人入胜。怎样让别人听进去我们的表达，记得住我们的观点呢？这就需要"不走寻常路"，另辟蹊径，提出一个与大众观念完全相反的论点。"凡检举偷窃花卉者赏金200美元"的告示牌就收到了这样的效果。

除此之外，还要经常总结，善于反思。没有人天生就巧舌如簧，必然需要后天的积累与沉淀。"泰山不让土壤，故能成其大。"日常生活中要多向他人学习沟通的精妙之处，总结经验；多进行自我反思，反思之前的情景如果换一种方式表达会有怎样的效果，反复比较琢磨，久而久之，逆向沟通的能力一定会大大提升。

"好好学习，天天向上"，这句话我们耳熟能详。当我们第一次听说"好好学习，天天上当"这句话，一定会"感叹",这恰恰是逆向思维的巧妙运用。当学习错误的或不适用你的知识与技能时,你就是在"上当",而不是"向上"!学"坏"也是学,但的确是"天天上当"!逆向思维的表达,往往能起到出其不意的效果:意料之外,却又在情理之中!

反其道而"言"之,不是为了"反"而"言",过于强调求异求新,反而过犹不及。讲求场合、方式和尺度至关重要,明明可以正常回答却非要"反其道",在不合适的场合求"反",往往会适得其反。把握好逆向表达的分寸,亦是把握好做人做事的分寸,正是:修合存心,方显智慧。

▌ "可与言"与"不可与言"

子曰:"可与言而不与之言,失人;不可与言而与之言,失言。知者不失人,亦不失言。"这句话出自《论语·卫灵公》。孔子虽然没有使用沟通的字眼,但在其论述中不乏沟通的学问与智慧。这句话的意义是说:可以同他谈的话,却不同他谈,这就是失掉了朋友；不可以同他谈的话，却同他谈，这就是说错了话。有智慧的人既不失去朋友，又不说错话。

"可与言"与"不可与言"是沟通的两个层面，"说"与"不说"是沟通的两个境界，可见沟通是一门关于"说"与"不说"的艺术。

查理·芒格是沃伦·巴菲特的黄金搭档，他们共同创造了伯克希尔·哈撒韦公司的辉煌。查理·芒格年轻时个人生活很艰难。他年轻时所经历的这些苦难和不幸，使他在哈佛大学毕业典礼上的演讲令人印象深刻。

大多数演讲者通常会选择讲述积极、正面的事情，例如"如何获得幸福的生活""如何努力才能成功"等。查理·芒格并没有像其他演讲者那样传递正能量，他在演讲中向在座的所有人阐述了一名毕业生如何才能过上痛苦的生活。

演讲中，查理·芒格给在座的所有毕业生开了能够使人过上痛苦生活的"四味药"：第一，要反复无常，不要虔诚地做你正在做的事；第二，不要从别人的失败经验里获得教训；第三，遇到严重失败时请意志消沉；第四，请忽略朴素的智慧。查理·芒格告诉在座的所有毕业生，只要做到上述四点，就一定可以过上痛苦的生活。

　　查理·芒格并没有告诉同学们该如何追求幸福，而是用风趣的话语告诉他们如何能获得痛苦。幸福和痛苦是相对的，相信绝大部分人都不希望自己的人生是痛苦的，而当你知道了如何获得痛苦，才能更好地避免痛苦，从而获得幸福。

　　有时候我们从正面难以得到答案的事情，从反面想一想，可能会豁然开朗。就像如何追求幸福这个问题，太多的人表达过自己的观点，一千个读者有一千个哈姆雷特，而能让你赞同并记住的可能寥寥无几，而理查·芒格运用逆向思维来回答这个问题，却使人印象深刻。

　　在好莱坞的众多影星里面，基努·里维斯是个另类。他早已成为最具标志性的好莱坞演员之一，却毫无偶像包袱，一直特立独行，拥有天赐的脸庞，过着浪子般的生活。他很少公开露面，就算接受采访，也总是惜字如金，时不时陷入沉默。但是，一旦说出来，却总是语出惊人，发人深省。

　　在接受一次采访时，记者问他："你觉得我们死后会发生什么？"基努·里维斯沉默了数秒，一字一句地回答道："我知道那些爱我们的人会想念我们。"基努仅用了寥寥数字就概括了生命的意义，这个回答无疑是他的高光时刻，也留下了无穷的空间让人回味。

古龙曾说："越是沉默寡言之人，其言语便越可贵。其人若论武功，气度必有慑人之处，其言之价就更高。"沉默是最好的诉说，无言是最有力的辩解。在人际交往中，适当的沉默既给别人留了余地，也给自己留了转机。孔子所说的"知者"就是智慧的人，"知者不失人，亦不失言"，该说的一定说，不该说的一定不说，这便是沟通的智慧。

一个孩子从8个月开始学着说话，2岁左右学会说话，但却要用一生学会闭嘴。说，是一门艺术；不说，是一种修养。说，是一种能力；不说，是一种智慧。等待别人把话说完，是一种能力，也是一种修养。有一种倾听叫胸有成竹，沉着冷静，那是一种气势和气场，不语也能威严，无声也能温暖。有一种聆听需要忘我，听落雪的声音，听风过屋檐，听晨起鸟鸣，听一段美妙的旋律，这是一种境界和修为。

生活的经验告诉我们：有时话多，会惹出好多麻烦；话少，能减少好多麻烦；沉默，可避免好多麻烦；

微笑，能解决好多麻烦。其实，很多时候，语言并非人与人沟通的唯一或最好的方式。有时一个会意的眼神，一个灿烂的微笑，一个谦卑的姿态，一个开怀的拥抱，一个善意的举动，胜过千言万语。

说与不说，言与不言，能力和智慧尽在其中。

▌ "细节决定成败"的逆向表达

"细节决定成败"一直被人们奉为圭臬而传播。细节就一定决定成败吗？成败是由细节决定的吗？

"细节决定成败"是一种常规性表达。既然是常规性表达，也就意味着它得到了大多数人的认同，我们把它称为"共识"。诸多"共识"集合了大众的智慧，但也有些所谓的"共识"却集合了大众的偏见。

科学家托马斯·爱迪生曾经交给学生一个梨形的灯泡，并让学生计算一下灯泡的容积。学生发挥出强大的数学运算能力，在纸上勾勒出灯泡的形状，以灯泡顶点为原点，然后画出坐标，接着列出方程，拟合灯泡的轮廓曲线，根据方程求积分，最后得出容积。但是由于计算过于复杂，学生绞尽脑汁，反复校正细节也没有得出结果。

就在这时，爱迪生回来了，看着学生的运算过程，他没有说话，直接拿起那个空灯泡，向里面斟满了水，交给助手，说："把里面的水倒在量杯里，马上告诉我它的容量。"助手立刻读出了数字。爱迪生便说："这是多么容易的测量方法啊，它又准确，又节省时间，你怎么想不到呢？还去算，那岂不是白白地浪费时间吗？"助手的脸红了。爱迪生喃喃地说："人生太短暂了，太短暂了，要节省时间，多做事情啊！"

这就是我们常说的"方向不对，努力白费"。即使再缜密的思考，再仔细的打磨，如果从一开始就没有把握对的方向，那也是白白浪费力气。任何事情都强调"细节决定成败"的一刀切，只会导致一叶障目、盲人摸象。

"南辕北辙""刻舟求剑"的故事相信大家耳熟能详。方向错了，可谓缘木求鱼。只关注细节，就好比"只低头拉车，不抬头看路"。一旦遇到人生转折点和抉择关键点，最需要放眼全局，着手大局，打开格局。很多时候，人生的选择大于努力。如果连方向都选择错了，无论怎么钻研细节，都只会离成功越来越远。

细节的确能影响成功，但决定成败的却是格局。"凡盛衰，在格局，格局大，则虽远亦至，格局小，则虽近亦阻。"①格局是一种人生态度，是一辈子的追求，是一生的坚守。格局取决于你走得有多远，眼界有多高，视野有多大。不论是国家还是个人，谋大事者必要布大局，对于人生这盘棋来说，我们首先要学习的不是技巧，而是布局。在人与人的对弈中，舍卒保车、飞象跳马等种种棋招就如人生中的每一次博弈，棋局的赢家往往是那些有着先予后取的度量、统筹全局的高度、运筹帷幄而决胜千里的方略与气势的棋手。"大格局"的人，往往能看到别人看不到的东西，想到别人想不到的层面。

就像对"细节决定成败"的质疑一样，对"共识"的反思体现了逆向思维与沟通的智慧。在沟通中善用逆向思维，便会发现处处充满了机遇，事事都会有转机，人人都可以不平凡。逆向沟通能够在商业中出奇制胜，更能改变一个人的命运。

---

① 张磊：《价值》，浙江教育出版社，2020年版，第217页。

巨海集团董事长、2013年十大杰出青年川商、世界华人演说家俱乐部主席成杰先生在《一语定乾坤》中写道：

古语有云："满招损，谦受益。"谦虚是中华民族的传统美德，谦虚能让我们受益匪浅。对此，我却有不一样的观点：谦虚，越谦越虚；吹牛，越吹越牛。

我这样说并不是否定谦虚这种传统美德，而是强调人不能过度谦虚，适当地吹牛能给人一个奋斗的方向，为了最终证明自己不是吹牛，必须沿着这个方向努力，人生的梦想很可能就是这样一个个实现的。

成杰出生在四川省大凉山的一个小山村里，父母都是地地道道的农民，初三就辍学的他本来也会延续父母的人生，但是他不接受命运的安排，和父亲"吹牛"，一定要走出农村，成就一番大事业。果然，"吹牛"的他经过10年努力，从无名小卒蜕变为身家上亿的成功者。"谦虚，越谦越虚；吹牛，越吹越牛"，能有这样的格局，就注定他不甘平庸，可以成就大事。

一个人的表达决定着他与周围环境的关系。当你对所谓的权威、身边的流俗不断妥协，你就会逐渐失去自己；相反，如果你敢于逆向表达，质疑权威，善于突破流俗限制，甚至创造出一个更符合自己理想的环境，你就会超越框架束缚，拥有大胸怀和大格局。

会说话是修养，管住嘴是教养

荀子曰："口能言之，身能行之，国宝也。"刘勰在《文心雕龙》中也说："一人之辩胜于九鼎之宝，三寸之舌强于百万之师。"在西方国家，人们把口才、美元、电脑称为世界三大战略武器。会说话、会沟通不仅仅是一种能力、一种修养；更是一种艺术、一种智慧。

"言而当，知也；默而当，亦知也。"外在的表达最能体现一个人的内在涵养。口若悬河、舌灿莲花固然是一种魅力，但学会在恰当的时候保持沉默，更是难能可贵。

会说话表现出的是个人的修养，能否"管住嘴"体现出的却是一个人的教养。

"良言一句三冬暖，恶语伤人六月寒。"伤人的话就像钉进木板里的钉子，即使拔出还是会留有孔洞，无法填平。管住嘴，守住心，就不会因一时之气口出狂言，造成难以挽回的局面。正所谓"守心不出错，守嘴不惹祸"。

口中说的心里一定要想，心里想的口中不一定要说；口中藏不住是因为心里憋不住，心里憋得住口中一定能藏得住。愚者在言语上争输赢，智者在素养中走人生。常思己过，莫论人非，修身养性，谨言慎行。

俗语"刀子嘴，豆腐心"是为言语刻薄、心肠柔软的人作辩护，但其实"刀子嘴，豆腐心"是一种"高级自私"。如果一个人认为只要出发点好，就可以说话不考虑别人的感受，不顾及别人的自尊心，随意发泄自己的情绪，那么这种人不仅会伤害别人，更不会得到别人的尊重。当他人处于困境或低谷时，一句善意的话语，会使人倍觉温暖；而一句讽刺、挖苦、打击的话，哪怕是出于无心，也是对别人自尊心、自信心的摧毁和伤害。

禅诗有云：

兀坐云根懒举头，更无言句示禅流。

森罗万象分明说，有口何妨挂壁休。

人多时，管住嘴，话多错多是非多，自找麻烦；人少时，管住心，妄念、妄想，痛苦多，自找烦恼。群处守嘴，独处守心。修己以清心为要，涉世以慎言为先。

犹太人的智慧寓言中有这样一个故事：

一位牧师吩咐他的仆人，去集市上把最贵和最便宜的东西买回来。过了一会儿，只见仆人带回来一根舌头。牧师非常不解，问这是何道理？仆人答道：舌头这种东西，好则高贵无比，坏则低下至极。

俗话说："口能吐玫瑰，也能吐蒺藜。"会说话的人让人如沐春风，不会说话的人让人讨厌至极，甚至招致祸端。

管住嘴是最难得的教养。有句话说得好："柔软的舌头，可以挑断一个人的筋骨，语言有时候比暴力更能伤人。"的确，舌头虽然没有"骨头"，却能使人"粉身碎骨"。

管住嘴是可以修炼的能力，被时间扇多了耳光，也能精进不少。会说话是一种艺术，如果不能八面玲珑，就算是刻意训练，也不如慎言慎行。如果不能口吐莲花，语如春风，那就管住嘴，沉默自有力量。

管住嘴就是从"有我"向"无我"的一步迈进：出口之语，应不急不缓，不卑不亢，恰到好处；懂得话语留白，谦虚有礼；大事上不畏惧，小事上不懈怠，没做成的事情闭口不言，做成的事情不张不扬。

俗话说："一言可以致福，一言可以招祸。"很多时候，与其说多错多，为自己招来不幸，不如克制住自己的表达欲。就像朱自清在《沉默》中所言："你的话应该像黑夜的星星，不应该像除夕的爆竹——谁稀罕那彻宵的爆竹呢？"

一个人成熟的标志，就是管得住自己的嘴巴。善于逆向表达，学会适时沉默，放下言语细节，打开视野格局，一切都会变得更加美好。

如同《鬼谷子》中所说："捭之者，开也，言也，阳也；阖之者，闭也，默也，阴也。"纵横捭阖，"捭阖第一"，一左一右谓之道，一阴一阳谓之局。说与不说，言与不言，管住嘴尽在一动一静之间。

管住嘴是一种修行，更是一种修心。

◎ **阅读心得**

第四章

诚信沟通，
讲信修睦

"自诚明，谓之性；自明诚，谓
之教。诚则明矣，明则诚矣。"

——《礼记·中庸》

诚信是沟通之魂。

"诚"即真诚，"信"即守信，真诚并守信的沟通，是人际交往中建立信任的不二法门。如同李白《侠客行》诗中所言："三杯吐然诺，五岳倒为轻。"在沟通中做到诚实守信，则能够内心坦荡，问心无愧；影响子女，和睦家庭；豁达心胸，友好睦邻。国家之间一旦建立双边或多边的信任，便能携手共进，实现多赢，真正地构建人类命运共同体。

鸟无翅而不飞，人无信而不立。同样的，家无信不和，业无信不兴，国无信不稳。只有诚信沟通，才能真正做到讲信修睦，和谐共生。

▌"说"字的解读

中国的汉字是世界上迄今为止持续使用时间最长的文字。汉字是中华传统文化的凝结，其中蕴藏着先人深刻的处世哲学。

　　"说"字由两部分构成，左边一个"言"字，右边一个"兑"字，即"说出来的话要兑现"。我们的先人创造的"说"字，不得不说其中深藏着十分丰富的内涵与启迪人生的智慧。《老子》曰："轻诺必寡信。"珍视自己信用的人，说过的每一句话、许下的每一个承诺都力求兑现，所以绝对不会轻易许诺，失信于人。

　　"说"是我们日常生活中极其常用的汉字，也和全书阐述的"沟通"一词密切相关，可以说，"说"是"沟通"最为普遍的形式。从"说"字的结构中，我们能够理解为什么沟通要诚信为本、诚信至上，诚信又为什么是沟通之魂。

　　诚信即诚实守信，是人类社会千百年传承下来的道德传统，也是社会主义道德建设的重点内容，它强调诚实劳动、信守承诺、诚恳待人。

　　诚信是公民的基本道德规范之一，是从个人行为层面对社会主义核心价值观基本理念的体现。它覆盖社会道德生活的各个领域，是公民必须恪守的道德准则，也是评价公民道德行为选择的价值标准。

　　《论语》中说："人而无信，不知其可也。"又说："夫子之说君子也，驷不及舌。"我们今天耳熟能详的语句，如"言而有信""一言而九鼎""君子一言，驷马难追""诺不轻许，许则为之"等，无不说明一个朴素的道理，那就是说话要讲诚信。

真心、真诚的话总会触及人的灵魂深处，打动人，感动人，影响人。说话要真诚，不弄虚作假，不费尽心机。

不论时代怎样变化，真诚待人、诚实守信都是做人的基本要求。诚信，乃道德之根基、人格之底蕴、立世之根本，是中华民族的传统美德。千经万典，信义为先；人生道路，诚信为重。诚信沟通是一切沟通的基石，我们只有遵从自己的内心，才能够真诚坦荡地面对他人、信守承诺，和他人构建和睦真诚的关系，正所谓"内诚于心，外信于人"。

所以，真正高明的沟通，都是诚心实意的。

由"六尺巷"引发的思考

"六尺巷"是中国历史上一个流芳千古的美谈。

清代康熙年间，大学士兼礼部尚书张英在安徽桐城老家的府第与吴家相邻。吴家是秀才出身，两家院落之间原本有一条巷子，供两家及村民出入使用。后来吴家翻建新房，想占用这条小巷，张英老家的人不同意。

双方发生纠纷，告到县衙。县官犹豫再三，欲偏袒张英，但又难以定夺。

张英家人一气之下驰书京城，希望张英出面解决。张英阅罢，立即批诗寄回，诗曰：

> 千里家书只为墙，
> 让他三尺又何妨？
> 万里长城今犹在，
> 不见当年秦始皇。

张英家人看了回信，豁然开朗，当即来到吴家，主动让出三尺空地，让吴家翻建新房用。吴家见状，深受感动，当即决定，不再占用巷子，并且也让出三尺房基地。六尺巷由此得名。

若从张英的家人驰信京城推想，张家即便寸步不让也断非无据无理，完全可以一是一、二是二，以理处事。然而，张英身居高位，见过足够多的世事风云，其襟怀与见识自然不同凡人——若与凡俗较真，必也凡俗之流。何况，巷本是行人之路，让，是方便行人；以一家之失换大众之得，孰重孰轻，一掂便知。

六尺巷的故事，对桐城的社会道德风气产生了重大而深远的影响。张英的谦虚礼让，给后人树立了一座道德丰碑。一时之间，桐城内路不拾遗，秩序井然，邻里和睦。

六尺巷已成为一个独特的旅游景点，被载入《中国名胜词典》，巷子全长虽不足200米，但其所承载的文化内涵却意义深远。六尺巷的"宽"不是宽在"六尺"上，而是"宽"在真诚向善、和睦谦让的美德中。让人三尺又何妨？失三尺之地，换万世流芳。张英的谦逊礼让，不仅成为邻里之间和睦相处的典范，更是中华民族里仁为美、追求和谐的充分体现。

几百年后的今天，当一些人争长论短、追名逐利、争权夺势，虚假的寒暄背后，尽是勾心斗角和尔虞我诈的时候，六尺巷带来的是触及灵魂、发人深省的人生思索，是在世事纷争中归于宁静与平和的精神净化。忍一时风平浪静，退一步海阔天空，张英的言与行蕴含着中国文化传统中包容万物、兼收并蓄的博大精神。

继承传统文化的精髓，弘扬谦和礼让的美德，对当今构建社会主义和谐社会具有非凡的现实意义和重大作用。

中天控股集团成长有三大基因：诚信、质量、以人为本。其中诚信始终排在第一位。诚信是一个人道德价值观最核心的支点，它是立人之本，也是立企之本。人无诚不立，事无诚不成。中天控股集团董事长楼永良先生在各种场合强调诚信的重要性：诚信是中天品牌的基石；我们要讲诚信，要做到比人家多讲一点诚信，要处理内部不诚信行为；九个人做好了，一个人做不好，对公司信誉的破坏力就很大；九件事讲诚信，一件事不讲诚信，其他诚信的事情就可能白做了；谁讲诚信多一点，谁讲诚信早一点，谁的回报就多一点。

正因为将"诚信"作为企业生存的命脉、成长的核心、发展的关键，并坚持不懈努力践行，中天控股集团才得以保持稳健、有序的发展态势，立于中国民营建筑行业的头部阵营。

《礼记·礼运》中提到："讲信修睦，谓之人利；争夺相杀，谓之人患。"讲究诚信，以求和睦，对大家都有益处；相互争夺，互相杀害，对大家都是灾祸。

诚，是灵魂高贵者的财富，是知世故而不世故的豁达胸襟，是任何时候都最能打动人心的感召之理；信，是心灵富有者的大方，是纤尘不染之灵魂才拥有的气度，是千金难买的高贵品德。

《明史·占城传》中也有类似的表述："本国亦宜讲信修睦，各保疆土。"中苏交恶后，毛泽东主席接见苏联驻华大使尤金时，曾援引此语，考虑到当时两国的关系，此语大有深意。可以说讲信修睦是个人乃至国家古往今来推崇的礼义风尚。

蕴含于六尺巷之中的人文内涵和人生哲理，对于我们现代人的沟通是有着诸多启示的。

言语不到，办事不妙

最好的沟通要能"穿透心墙"，而真诚就是用语言穿透心墙的第一步。高效的沟通，要以真诚感动人，以真情打动人，与沟通的对象产生情感的共鸣，这样的沟通才是成功的沟通。

相遇靠缘分，相处靠真诚。中国有一句俗话说得好：言语不到，办事不妙。缺乏最基本的真诚，"言语"就不可能抵达人心，办事自然"不妙"。只有诚心地沟通和表达，言语才能"到位"，办事才有成效，可见真诚的语言是人际沟通中的"不二法门"。

石油大王洛克菲勒说过这样一句话："假如人际沟通能力也是同糖或咖啡一样的商品的话，我愿意付出比太阳底下任何东西都珍贵的价格购买这种能力。"《世界是平的》一书的作者托马斯·弗里德曼也说："19世纪的国家不学会沟通无法生存，20世纪的企业不学会沟通无法生存，21世纪的青年不学会沟通也是无法生存的。"说明沟通能力已经是现代人生存的基本能力。

要想做到优秀的沟通不是一件简单的事情。与人交流时，我们要洞察对方的心理，才能把话说到点子上。"知己知彼，百战百胜"的道理不仅适用于战场，也同样适用于人际沟通与交流。

高明的沟通者往往具有以下三个特点：

第一，了解和熟悉沟通的对象。

沟通模式一般分为四种类型：控制型、表现型、谨慎型和温和型，可以分别用四种动物作对应：老虎、孔雀、猫头鹰和考拉。

　　老虎型的特征是目标感强，掌控欲强，最重要的是，他害怕失控。沟通时有话赶紧说，要给他足够的掌控感。孔雀型的特征是喜欢展现自己，高度在意感受，沟通时要取悦对方。因为孔雀型的人害怕被忽略，所以跟他沟通时，要充分表达对他的喜爱。猫头鹰型的特征是行事谨慎、遵循流程、讲求证据，所以要主动和他沟通，给他足够多的信息，供他判断；这种类型的人害怕混乱，跟他沟通要保持秩序，遵守规则和流程，还要尽量避免公开批评他。考拉型的特征是温和友好，不喜欢变动，和他沟通时，要主动维护他的利益，尽可能减少变化对他的影响。

　　第二，赢得对方的信任。

　　正如本章开篇所说，真诚并守信的沟通，是人际交往中建立信任的不二法门。要想别人信任你，你必须真诚与人交流和交往。

　　法国作家亚历山大·小仲马在写作初期并不顺利，当时他的父亲大仲马已经在文坛极负盛名。大仲马得知儿子寄出的稿子屡屡碰壁，便对小仲马说："如果你能在寄稿时给编辑先生附上一封短信，或者只是一句话，说你是大仲马的儿子，或许情况就会好很多。"可小仲马拒绝说："不，我不想坐在你的肩头上摘苹果，那样摘来的苹果没有味道。"

年轻的小仲马不但拒绝以父亲的盛名做自己事业的敲门砖，而且不露声色地给自己取了十几个其他姓氏的笔名，以避免那些编辑先生们把他和大名鼎鼎的父亲联系起来。

面对一张张冷酷无情的退稿笺，小仲马没有沮丧，仍坚持创作自己的作品。最终他的长篇小说《茶花女》以其绝妙的构思和精彩的文笔打动了一位资深编辑。这位编辑曾和大仲马有着多年的书信来往。他看到寄稿人的地址同大仲马的丝毫不差，怀疑是大仲马另取的笔名，但作品的风格却和大仲马的迥然不同。带着这种兴奋和疑问，他迫不及待地乘车造访大仲马家。令他大吃一惊的是，《茶花女》这部伟大作品的作者竟是名不见经传的小仲马。

编辑疑惑地问小仲马，为何不在稿子上署上他的真实姓名。小仲马回答道："我只想拥有诚实的高度。"《茶花女》出版后，法国文坛书评家一致认为这部作品的价值远远超越了大仲马的代表作《基督山伯爵》，小仲马一时声名鹊起。

诚实是有高度的。诚信总是会经历考验，而在诱惑中坚守追求真实的品德才更为可贵。诚信之人不求声名，但求无愧于心，也会因其人格魅力赢得世人的尊敬和信赖。

第三，运用恰当的语言。

不可否认的是，每个人的心理需求都会有差异，比如，有些人喜欢阿谀奉承，有些人则认为君子之交淡如水。对于前者，"投其所好"可以避免"办事不妙"，但是对于后者，只有用朴实的语言与之真诚地交往，才能赢得认可。所以在人际交往中，要想避免"言语不到"，必须用恰当的语言，站在对方的角度考虑问题，让对方感受到你的真心实意，沟通才可能成功。

与老人沟通不要忘了他的自尊，与男人沟通不要忘了他的面子，与女人沟通不要忘了她的情绪，与上级沟通不要忘了他的尊严，与青年沟通不要忘了他的直接，与孩子沟通不要忘了他的天真。其实每个人都有自己不同的身份，每一次沟通都有特定的背景，沟通中一个重要的"法宝"是懂得换位思考。

语言可以给人"长风破浪会有时，直挂云帆济沧海"的信心，可以给人"山重水复疑无路，柳暗花明又一村"的希望，还可以给人"路漫漫其修远兮，吾将上下而求索"的激励。只有学会合理地使用语言，我们才能成为优秀的、高明的沟通者。

正所谓：言语不到，办事不妙；言语到位，好事加倍！

"人"道酬诚

"道"是中国传统哲学中最丰富的表达之一，老子认为，道是天地万物之根源，似无而实有。正如金岳霖先生指出的，中国思想中最崇高的概念似乎就是"道"。

天道酬勤，地道酬德，人道酬诚。

"天行健，君子以自强不息。"在某种意义上来说，天道支持人的勤劳奋进。"地势坤，君子以厚德载物。"其意是指一个人只有像大地一样厚实宽广，才能承载万物、生长万物。

人道酬诚，源于《中庸》："诚身有道，不明乎善，不诚乎身矣。"人要真诚，做事如做人，先学做人，后学做事。《大学》有言："古之欲明明德于天下者，先治其国；欲治其国者，先齐其家；欲齐其家者，先修其身；欲修其身者，先正其心；欲正其心者，先诚其意；欲诚其意者，先致其知，致知在格物。"意思是说要想将高尚的德行弘扬于天下的人，则先要治理好自己的国家；想要治理好自己国家的人，则先要调整好自己的家庭；想要调整好自己家庭的人，则先要修养好自身的品德；想要修养好自身品德的人，则先要端正自己的心意；想要端正自己心意的人，则先要使自己的意念真诚；想要使自己意念真诚的人，则先要获取知识，获取知识的途径则在于探究事理。探究事理后才能获得正确认识，认识正确后才能意念真诚，意念真诚后才能端正心意，心意端正后才能修养好品德，品德修养好后才能调整好家族，家族调整好后才能治理好国家，国家治理好后才能使天下太平。

正所谓"格物、致知、诚意、正心"，探究事物的原理，掌握事物的本源，意念诚实，端正心意，才能提高自身品德修养。

狡诈能欺瞒一时，真诚才能相处一世。庄子曾说："不精不诚，不能动人。"一个人如果失去了"诚"，自然也就失去了"真"，人与人交流，贵在以诚换诚；人与人交往，贵在以心换心。

晏殊是北宋著名的文学家、政治家，素以诚实著称。在他十四岁时，有人把他当做神童举荐给宋真宗。宋真宗召见了他，并要他与一千多名进士同时参加考试。结果晏殊发现试题是自己十天前刚练习过的，就如实向真宗报告，并请求改换其他题目。宋真宗非常赞赏晏殊的诚实品质，便赐给他"同进士出身"。

晏殊当职时，正值天下太平。京城的大小官员经常到郊外游玩，或在城内的酒楼茶馆举行各种宴会。而晏殊则每日在家里和兄弟们以读书写文章为乐。有一天，真宗提拔晏殊为东宫官，负责辅佐太子读书。大臣们惊讶不已，不明白真宗为何做出这样的决定。真宗说："近来群臣经常游玩饮宴，只有晏殊闭门读书，如此自重谨慎，正是东宫官合适的人选。"谁料晏殊谢恩后说："我其实也喜欢游玩饮宴，只是家贫而已。若我有钱，也早就参与宴游了。"这两件事后，晏殊在群臣面前树立起了信誉，宋真宗也更加器重他了。

李鸿章早年为人浮躁懒散，好大喜功。因为虚报战功，被迫投奔曾国藩。到了曾国藩军营，他依然不改懒散的习惯，常常睡懒觉，不早起集合，对曾国藩谎称自己头疼。曾国藩知道后，对李鸿章说："既入我幕，我有言相告，此处所尚惟一'诚'字而已。"意思是说：你来我这里，只要遵从一个"诚"字就可以了。李鸿章听后羞愧不已，从此改掉了自己睡懒觉的习惯，一次都没迟到过。

儒家十分讲究修身，而"诚"则是儒家为人之道的中心思想之一。"诚"是一种真实不欺的美德，为人处世，就该说真话、做实事。李鸿章对曾国藩敬仰一生，两人亦师亦友，共担风雨。李鸿章晚年的时候说："我的老师曾国藩曾教过我许多东西，而最重要的是'诚'，让我这一生都受益匪浅。"为人处世的最高技巧，大概就是没有技巧。真心待人，才能赢得别人的真心；真诚踏实，才能赢得别人的信任。

人道酬诚，诚信乃沟通之魂、交流之魂、表达之魂。

真诚沟通阖家兴

我们先来了解一下曾子杀猪教子的故事。

曾子的妻子到集市去，她的儿子跟在她身后一路哭泣，她哄儿子说："你先回去，等我回家后为你杀一头猪。"妻子到集市后回来了，曾子就要抓住一头猪把它杀了，妻子阻止他说："我只不过是和小孩子开玩笑罢了。"曾子说："小孩子是不能和他开玩笑的。小孩子不懂事，要依赖父母学习，并听从父母教诲的。现在你欺骗他，是在教他学会欺骗。母亲欺骗儿子，儿子就不会相信自己的母亲，这不是教育孩子该用的办法。"于是曾子马上杀猪煮了肉吃。

曾子是春秋末期鲁国有名的思想家、儒学家，也是孔子门生中七十二贤之一。曾子深深懂得，诚实守信是做人的基本准则，若失言不杀猪，那么家中的猪虽然保住了，却会在一个纯洁的孩子的心灵上留下不可磨灭的阴影。曾子用自己的行动教育孩子要言而有信，诚实待人，也成为我们后人教育子女的榜样。

真诚沟通是家庭和睦的润滑剂。

海明威说过："每一个人都需要有人和他开诚布公

地谈心。"真诚、愉快的沟通对于家庭成员之间的关系相处是十分重要的。

同样，父母的语言暴力，也是伤害孩子最深的毒药。著名心理专家马歇尔·卢森堡说："也许我们并不认为自己的谈话方式是'暴力'的，但语言确实常常引发自己和他人的痛苦。"心理学的暗示效应告诉我们，父母的否定、打击、批判，会给孩子消极的心理暗示，并转化为孩子"内在的批判声音"，形成强大的"反自我"意识。

接受孩子的不完美是每位父母的必修课，无论孩子犯错与否，父母都应好好说话，对孩子随意发泄情绪不仅对改变孩子的言行无效，还会对孩子的身心造成一定的伤害。

"昨日因成今日果，前人栽树后人凉。"于孩子而言，最好的树荫，莫过于父母的言传身教。父母的言传身教，能护佑孩子一生顺遂；父母的正直行为，足以成全孩子一生的幸福，让他们在人生路上不管遇到多大磨难，也能用童年治愈一生，让他们一辈子都能受益于诚信豁达的心胸。

笔者曾看过一个新闻，令人印象颇深。新闻中，重庆永川一个九岁的小男孩偷奶奶的钱买游戏道具，他的父母怒火中烧，但却对孩子不打不骂，而是一脸平静地说："不属于你的东西，拿了就要还。既然花掉了，那这个假期，你就去捡废品，把欠奶奶的钱还上吧。"

这一席话，让孩子自知理亏，主动承认了自己的错误。他听取父母的意见，以捡废品的方式补上了自己偷的钱，不仅初尝自己挣钱的滋味，更明白了勇于承担责任、诚实诚信的可贵。

在德国的青少年教育体系里，家庭是道德教育的重要场所，父母则是孩子道德教育的启蒙者。德国在教育法中明确规定，家长有义务担当起教育孩子的职责。在德国家庭里，家长非常注重为孩子营造一个真诚相处的氛围。家长们普遍遵守这样一个原则：教育孩子诚实守信，家长必须做出榜样。在德国城镇的十字路口随处可见这样一块牌子，上面写着"为了孩子请不要闯红灯"。自从立了这种牌子，闯红灯的行人和车辆明显减少。在德国，如果随地乱扔垃圾或者在没有停车标志的地方停车，马上就会有人过来阻止你，并给你讲解遵守社会公德、为下一代作好榜样的理论。

心理学家海因茨·科胡特也说过："一个功能良好

的心理结构，最重要的来源是父母的人格，特别是他们以不带敌意的坚决和不含诱惑的深情去回应孩子需求的能力。"德国哲学家卡尔·雅斯贝尔斯说："教育本质是一棵树摇动另一棵树，一朵云推动另一朵云，一个灵魂唤醒另一个灵魂。"养儿育女，便是一个生命对另一个生命的灌溉和滋养。

电影《失恋33天》里有句台词说："买台冰箱，保修期才3年。你嫁个人，还要求这个人一辈子不出问题吗？"话糙理不糙，夫妻俩生活中有点小打小闹很正常，哪个家庭还没有一点小摩擦？气头上，不妨多想想对方的好，多想想一起走到今天有多不容易吧。

网上曾有一个采访，记者问妻子，愿不愿意让丈夫体验一下分娩的痛苦。妻子淡淡一笑说："不必了吧。我老公，也没有让我体验过当一家之主的艰辛啊。"所以你看，爱意和包容，是可以消解掉生活的苦痛。

社会是讲理的场所，家庭是讲爱的港湾。

父母的嘴，决定孩子未来的路。父母的嘴，可能是一朵花，也可能是一副毒药，既能为孩子的路铺满香花，也能让孩子的路长满荆棘。父母的嘴，体现出他们的修养，隐藏着他们的胸怀，表现出他们的情商。会说话的父母，不让孩子难堪，让家人心生愉悦；能化解各种矛盾，让家人如沐春风。正所谓"沟通阖家万事兴"，父母会说话，培育出来的孩子必然拥有高情商。

尼尔·奥尔登·阿姆斯特朗于1969年7月21日成为了第一个踏上月球的宇航员。6岁的小阿姆斯特朗曾认真地说："妈妈，我要到月球上去！"母亲笑着说："好啊，只是你别忘了从月球上回来，回家吃晚饭。"这句温柔的鼓励始终铭刻在小男孩的心中。33年后，当他从月球返回地球时，记者问："此时此刻你最想说的话是什么？"阿姆斯特朗答："我想对妈妈说，'儿子从月球上回来了，我会准时回家吃晚饭。'"多么感人的话语。

这个世上，没有人愿意听损话，关系越近越是如此。尤其是我们在乎的人，听他们说一句损话，更是蚀骨灼心。语言，是富有能量的，一句暖人心的话，可以把人鼓励；一句伤人心的话，可以让人萎靡。

越是我们在乎的人，我们越是看重他们对我们的看法。管住自己的嘴，留下好福气！

亲人之间多包容，有理也须让三分。家庭成员之间的沟通，是通往彼此心灵的桥梁，和谐的沟通，让夫妻之间、父母与孩子之间更亲近。

◎ 阅读心得

第五章

沟通贵简，
卓尔不凡

"如果你不能用简单的话把问题
解释清楚，那就说明你还没有真正理
解这个问题。"

——阿尔伯特·爱因斯坦

　　沟通要简洁，指的是沟通时的语言表达要简明扼要。常言道："立片言而居要""言不在多，达意则灵""善辩者寡言"，中国自古以来对于语言的艺术追求都在于精简，而不在于冗长。小材可以大用，微言可以大义。一部宇宙，时空二字；一本《周易》，阴阳两极。字母二十六，表尽人类思想；元素一百多，囊括宇宙万物。

　　言简而意赅，言简而意准，言简而意丰，言简而意新。

　　只有沟通贵简，才能卓尔不凡。

▌一语，中的

　　美国第28任总统伍德罗·威尔逊的父亲教导小威尔逊读写时说："一语，中的。"①简练，鲜明，直抵人心。

---

　　①　[美]乔什·韦尔特曼：《一切都与广告有关：成功吸引顾客购买的秘密》，汤珑译，中信出版集团，2017年版，第47页。

世界著名短篇小说家契科夫说："简洁是天才的姊妹!"简洁之中蕴含了力量，简洁之中充满了智慧。

史蒂芬·霍金在其畅销书《时间简史》中提到，插入任何一个数学公式都会使作品的销量减半，所以他考虑再三，只用了一个公式 $E=mc^2$。《时间简史》叙述方式简洁明了，文字不多，却足以带领读者领略漫长岁月中，这浩渺宇宙的瑰丽与震撼。该书之所以如此受欢迎，是因为在复杂和简单之间，人们总是喜欢选择简单的东西。

国学大师、楚辞研究专家文怀沙先生十分讲究观点的提炼，他写过一篇《文子三十三字箴言》的短文，全文仅3个字："正、清、和。"注解有30个字："孔子尚正气，老子尚清气，释迦尚和气。东方大道其在贯通并弘扬斯三气也。"文怀沙先生把中国古代文化的精髓浓缩在这33个字之中，不仅可见其文化功力，更可见他提炼文字的水平，真可谓"一挥而切中肯綮，一语而击中要害，一笔而入木三分"。

清代学者刘大櫆在《论文偶记》中说："文贵简。凡文笔老则简，辞切则简，理当则简，味淡则简，意真则简，气蕴则简，品贵则简。"著名作家郁达夫也深知

"文贵简"的真谛，有次演讲，他一上台就在黑板上写了"快短命"三个字。台下的听众面面相觑、迷惑不解，郁达夫接着说："我今天要讲的题目是《文艺创作的基本概念》，这三个字就是要诀。'快'就是痛快，'短'就是精简扼要，'命'就是不离命题。演讲和作文一样，不可以说得天花乱坠、离题万里。完了。"演讲时间前后不到两分钟，这就是郁达夫针对写作和演讲提出的"快短命原则"。

维特克是德国的一位历史学家，和马克思私交甚笃。马克思的妻子燕妮每次见到维特克，总要听他讲历史故事。一次，燕妮问维特克："你能用最简练的语言，把人类的历史浓缩在一本小册子里吗？"维特克说："不必，只要四句话就够了。"他接着说："其实只需要四句话，就能概括古今的历史。"这四句话是：

一、上帝让谁灭亡，总是先让他疯狂。

二、时间是筛子，最终会筛去一切渣滓。

三、蜜蜂盗花，结果却使花开得更茂盛。

四、天黑透了的时候，更能看见星光。

维特克教授的这四句话，其实是德国流行的四句谚语，而每句话里，都蕴藏着一个绝妙的比喻，意味隽永，启迪心智。

删繁就简的概括，简得适当，恰到好处。简约而丰富，简约之中蕴涵了深刻的哲理，正所谓"简约而不简单"。

▌言说去杂冗

在学术界，相比洋洋洒洒、动辄数十万字的论文，许多具有划时代意义学术经典却是以精简著称。比如国学大师王国维的《人间词话》，这部中国文学批评史上的里程碑之作，全书不过寥寥4万字，仅70余页。詹姆斯·沃森和弗朗西斯·克拉克首次发现DNA双螺旋结构，相关论文发表在1953年4月25日的英国权威的《自然》上，全文仅960余个单词，却获得了1962年诺贝尔生理学或医学奖。约翰·纳什22岁获得普林斯顿大学博士学位时，那篇创立了非合作博弈均衡的博士论文，也仅仅27页。

政治家们的演讲则更因惜字如金，而凸显掷地有声。美国反抗英国殖民者的革命家帕特里克·亨利，一

句"不自由毋宁死"的誓言激发了几代美国人，最终使
美国人推翻殖民统治，建立了美利坚合众国。1793年，
乔治·华盛顿发表就职演说，全文不过135个单词。1863
年，亚伯拉罕·林肯的葛底斯堡演说从上台到下台不到
3分钟，仅仅600词、10句话，却赢得了现场15000名听众
经久不息的掌声。1984年，法国总统洛朗·法比尤斯的
就职演说只有两句话："新政府的任务是国家现代化，
团结法国人民。为此要求大家保持平静，表现出决心，
谢谢大家。"

　　这些演讲语句不多，却饱含着他们对未来的规划和
希望；辞藻不华丽，却饱含着他们对人民、对国家真挚
的情感。简单意味着自然，简单更容易被人理解，更容
易打动人心，简单创造了更大的想象空间。

　　联合国大会上，总有发言者为弱势群体发声，呼吁
大家关注各类社会问题，号召大家的全情关注。如果你
留心观察，你会发现他们的表述非常简单，没有复杂的
逻辑、过度的伪装、花哨的修饰，就是真实、自然的故
事加上直白的表达和真实的感受。

　　著名人际关系学家戴尔·卡耐基提出的成功演讲
十大法则的前两条法则就是对上述例子最好的论证：一

是简明性，不用查字典才懂的词；二是简洁性，使用短句。所以说，运用通俗易懂的词汇、简短的句子，往往使得沟通的效率更高，效果更好。

人们总想告诉别人更多，不想放弃任何一点机会，总想全部说完，然而信息一旦太多，内容过于繁杂，人们就可能产生抵触情绪。聪明的人会总会激发他人主动挖掘信息的欲望，这样听者反而有兴趣了解得更多。

正如美国作家海明威在其《死在午后》一书中提到的"冰山原则"一般：作者在写作中只应该描写"冰山"露出水面的一部分，而在水下的大部分可以通过文本的提示让读者充分发挥想象。有时简短的话语背后，才有让人回味无穷的空间。正如我国外交部部长王毅在回答有关中日关系的记者提问时，如是说："我们当然愿意同日本改善关系，但是日本需要先治好自己的心病。"王毅部长的回答言简意赅，直击问题核心，并且意味深长。

正是因为人们对于冗长的东西易有抵触心理，所以TED演讲的时长被限定为18分钟，这样也可以"促使演讲者思考自己真正想要表达些什么，有哪些要点。有18分钟的时间限制，演讲者的想法会变得更清晰"[①]。2011年3月，历史学家大卫·克里斯蒂安发表TED演讲，仅用17分钟40秒讲述了宇宙的历史。而这是从他课时为48节、每节课时长为30分钟、涵盖宇宙大爆炸到今天长达130亿年漫长时间的"大历史"课程中浓缩提炼而成，他在有限的时间内讲述了最为重要的内容。简短的方式并不意味着没有办法表达出说者的态度，恰恰是时间的限制更能让说者鲜明地表达自己的观点。

简短的内容，能够让使用者减轻阅读负担，同时更快抓住信息主体。如何把长篇大论精简为短小的文章，美国文学家理查德·拉纳姆给出了具体的指导方法：

一、不使用介词（如"对于/根据/为了/基于/通过/关于"）。这些词会弱化句子的谓语，因此要尽量省略。

二、不使用"is"的动词形式（如"正在消耗时间"），尽你所能使用其他表述方式（如"花时间"）。

---

① 　【美】卡迈恩·加洛：《像TED一样演讲》，宋瑞琴，刘迎译，中信出版社2015年版，第182页。

三、被动句式（如"时间是这个项目所需要的"）转换为主动句式（如"这个项目需要时间"）。

四、删掉索然无味的开头（如"大家都很容易看到这一点"），开门见山。

五、减少废话。如在表达相同意思的前提下，用"每天"代替"在每天的基础上"。

这样简短的表述方法能让文字变得简洁、清晰，让读者在最短的时间内获取最有效的信息。

"言说"去除"杂冗"，方会变得高效而又有力度。如同武侠片里的用剑高手，简单一刺，却击中要害。

▌沟通的"三K"原则

米罗·弗兰克提出，在沟通中，必须牢记"三K原则"：

一、吸引（catch）听众。

二、维持（keep）听众的兴趣。

三、说服（convince）听众。

当你的言语冗长，或者失去了重点，短短几秒钟内，就可能失去吸引力。所以，当沟通中失去了"简"，便很难吸引听众，并维持听众的兴趣，又何谈说服听众。以下几点对于精练话语有着提升作用：

一、目的明确，把握重点。

把握重点，也就是把握了全部。没有重点不仅会带来思维上的混乱，而且往往使人产生审美疲劳。比如遇到一个非常重要的客户，但他着急参与某项会议，那么我们可能只能在他乘坐电梯的30秒内阐述自己的方案，如何将几十页甚至上百页PPT的提案浓缩到30秒，并成功打动对方呢？这就是麦肯锡著名的"30秒电梯"法则。

德国一位个性培训师认为，很多人并不完全知道自己在生活中要达成什么目标，因此你经常听到很多毫无意义的话。俗话说："对于一只盲目航行的船来说，所有方向的风都是逆风。"因此，简单也来源于清晰的目标和对重点的把握。

二、删减不必要的内容。

简化不是无节制的删减，不能为了简化而改变了核心主旨，迷失航向，丢掉了重点。

美国作家理查德·哈丁·戴维斯的小说中不仅是单

词，还有段落、章节，甚至是整个故事都是经过严格筛选反复推敲才确定下来的。他会逐一删除那些既不容易在脑海中浮现，又不影响情节的细节。每当删掉一处，他都会问自己："原来的场景仍完整吗？"要是有缺憾，他就会恢复，就这样反复增删修改，直到读者阅读起来简洁清晰而又完整巧妙，这也是他的作品备受人们喜爱的原因。

美国政治和商业语言策划大师弗兰克·伦茨认为话不在多，"而在于寻找恰好合适的那块语言拼图，准确地契合你想填补的空缺"。

三、积累阅读量，感受文字的魅力。

不同的词汇，会给人带来不一样的感受。阅读量的积累能够让你在沟通中迅速调取材料与人交流，论证自己的想法。词汇的积累，能够让自己的遣词用句更加准确。

马克·吐温在年轻的时候只身一人从美国密苏里州游历到内华达州，乘坐的公共马车计算携带的行李都是以盎司（约28.3克）计算的，因为多一分重量，就多一分危险。在载重量极其有限的情况下，马克·吐温仍想方设法带上一部《韦氏大词典》翻山越岭、穿行沙漠。卡耐基曾在书中写道："范妮·赫斯特（美国著名作家）曾告诉我，她有时写句子要修改五十到一百次，甚至有一句话修改了一百零一次。"正是因为日积月累，马克·吐温的演讲才能字字珠玑，其作品才流传至今；正是因为对每一词汇的推敲，出版商才会纷纷向范妮·赫斯特登门求稿。

在现实生活中，我们的沟通交流会因为身份、环境、伦理等各类因素而发生改变，但无论在哪种状况下，将"简"运用于沟通之中往往能受益良多。

1948年，丘吉尔应邀在牛津大学作一个主题为"成功秘诀"的专题讲座中，作了一个极为简短却寓意深刻的演讲："我的成功秘诀有三个：第一是，决不放弃；第二是，决不、决不放弃；第三是，决不、决不、决不放弃！我的演讲结束了。"

正如丘吉尔的演讲所示，话短为妙，而老话最妙。短短几字蕴含着大智慧，寥寥数语可以回味无穷，而这些传承至今的历史故事更是简单易懂，揭示着人生真谛。

"留白"的魅力

方寸之间纳百川。科学证明，人类大脑中有三分之一的神经元是用来处理视觉信息的，因此和语言文字以及语音沟通相比较，视觉信息的功能更强大。从这个角度来说，绘画艺术，本质上是一门视觉沟通的艺术。

"留白"是传统中国绘画艺术中表现简约美的重要手法。留白是以"空白"为载体，进而渲染出美的意境的艺术，极具中国美学特征，正如诗文有意在言外，音乐有弦外之音，戏曲中有虚拟动作，绘画则有计白当黑。

中国画讲究"画鱼不画水""画山不画云"，三笔两画，神韵皆出，简洁干净，下笔如神。欣赏一幅画，看它的留白，可以看出主人胸中的丘壑，境界的高下。"恰是未曾着墨处，烟波浩渺满目前。"以无胜有，以少胜多。南宋马远的《寒江独钓图》，一舟一渔翁，无水，看起来烟波浩渺；八大山人、石涛的画，大部分是空白，空灵虚幽，如散僧入圣；板桥画竹，稀稀落落几笔，风骨顿出；齐白石画虾，虾身透明，无水，却满纸水汽淋漓；徐悲鸿画马，马蹄飞驰，满屏风的速度。这都是留白的效果，说了，但不说透，任欣赏者去遐想。正如诗人与画家王维所说："咫尺之图，写千里之景。"

西方的简约主义也表达了相似的思考。德国著名建筑师路德维希·密斯·凡德罗的经典名言"少即是多"代表了简约主义的核心思想，"少"不是空白而是精简，"多"不是拥挤而是丰富。

回首工业革命前的西方建筑，受宗教审美、各个不同文艺时期的宫廷审美的影响，其以庞大的建筑结构、众多的点级、繁多的装饰物件为特征，复杂、精致、昂贵。而当"钢铁""玻璃""电力"涌入人们的生活后，建筑也被悄无声息地改造着，一批拥有着革新思想的建筑师走在了"简约主义"的前列，凡德罗也是其中一位。

凡德罗的建筑艺术追求精简，这对于结构有着非常高的要求，要能保证建筑的稳定性，同时又要追求简约，它依赖于结构，但不受结构的限制。柏林新国家美术馆就是一件钢与玻璃的雕塑艺术品。美术馆是高两层的正方形建筑，一层在地上，一层在地下。展览大厅四面都是玻璃，上面是钢架的平屋顶，其支撑柱与屋面的相接处，也精简到只有一个小球。这座美术馆在凡德罗逝世后才完工，是他毕生探索的钢与玻璃的纯净建筑艺术风格的绝唱，它可以说是钢与玻璃的现代"帕特农神庙"。

正如达·芬奇的名言所示——简单是最高级的复杂。将简约思维运用于艺术作品的创造之中，就会诞生出智慧、经典的作品。

简约的艺术成为经典，经典的艺术永流传！

一切都应该尽可能地简单，但不是真的简单

郑板桥的书斋中有一副令人印象深刻的对联："删繁就简三秋树，领异标新二月花。"上联落脚点在于去繁从简，用最简练的笔墨勾勒最丰富的意象，就如同深秋之树，落叶散尽，主干的脉络反而一览无余。下联则主张"自出手眼，自树脊骨"，不做无根之萍随大流飘动，而要做那二月之花，一花先开引得百花齐放。

简洁绝非"苟简"，不能为简而简，以简代精。

1936年10月19日，邹韬奋先生在公祭鲁迅先生的大会上，只做了一句话的演讲："今天天色不早，就用一句话来纪念先生，许多人是不战而屈，鲁迅先生是战而不屈。"简洁之中见通俗，通俗之中显真情。看似简单的一句话，却概括了鲁迅先生伟大的一生、战斗的一生。

简约不意味着简单，而是对复杂的问题、深奥的理论进行探索、思考、归纳，再通过简约的方法予以展现，减少认知负担，让人一看就懂、一点就通，并力求达到最好的效果，这就是简约思维。

正如我们对定位的解读一样：复杂是定位的天敌，简单是定位的真谛。布拉松在《电影艺术摘要》一书中写道："不多也不少，简约乃智慧，而且以少胜多方显大师的本色。"的确，简约就是智慧，简约思维就是智慧的思维。

简约思维就是要将繁琐芜杂的东西去粗取精、去伪存真、化繁为简，而任何可以化繁杂为简单的简约思维都会呈现出美的意境。因此我们将简约思维称为创意中的"唯美"思维。

简约思维其实并不是单纯地指导我们做减法，当一个意象剔除那些用不到的干扰之后，必然会进行吸纳补充，最终形成一个全新的东西。从这种意义上来看，简单并不只是我们字面上读到的简单。

历经千年依然不断焕发新生活力的汉字，也是对"简约但不简单"的有利印证。从图画组合一般的象形文字、甲骨文到偏旁结构逐渐稳定的篆文、隶书、楷书，从繁体字到简体字，汉字逐渐向符号文字演变，从而使文字字形趋向于规整、稳定。简单的横、竖、撇、捺，却能组合成十万多个方块字，音、形、意三位一体，让每一个用心体味的人都能记住、理解、敬畏。汉字的简化过程体现了最鲜明的简约思想，汉字是中国上下五千年的沟通大智慧集合体，闪烁着绮丽的思想光芒。

阿尔伯特·爱因斯坦说："一切都应该尽可能地简单，但不要太简单。"有时人们会为了追求简化而删去太多东西，将简化推向了极端，导致忽视了使用价值，从而没有办法满足使用者的需求。比如有人为了做出一份所谓"优质的PPT"，想要简短的内容、简洁的版面，最终留白过多，让人无法捕捉到重要的内容。

另外一种情况就是，没有经过思考就做减法、删除东西，从而造成"过于简单"的后果，失去了其内涵和价值。例如对相机的需求，有些用户希望能一键拍出好照片，但这不意味着简单地删除别的按键和调整选项，从而牺牲照片质量，而是应该做到即使删掉这些也能保证用户拍出最好的照片。

这就要求简化得当，在保证简化方法的基础上，同时保证好的用户体验。当类似"美图秀秀""天天P图"等各类修图类App在市场竞争时，大家都在致力于如何提供更好的修图体验，从最初的磨皮、美颜发展到更为细致的美妆，基于简约思维有了一键式美颜。但这时"无他相机"如雨后春笋般迅速崛起，提出"拍好不用P"的口号，从事后美颜到事中美颜，能够事先根据自身的五官定制自己的各类美颜需求，在拍照过程中就显示修图后的效果，省去了每次拍完照片后的修图时间。

遥控器的发展史也给了我们带来了如何做到"领异标新"的启示。1955年，真力时公司推出了第一款遥控器，人们终于不用去电视上操控，在沙发上就能换台了。这个遥控器只有四个按键，可以打开、关闭电视，调整声音大小、换台。那个时期的人们，在为遥控器的"距离"而竞争。随着频道增多、遥控器上慢慢出现了众多数字按键，还有录像、快进等功能按键，似乎按键的增多能更便利人们的使用，人们在为遥控器的"按键数量"做斗争，按键越多越高级。技术的突破，使得语音遥控器，体感遥控器、鼠标遥控器相继出现，这时按键数量变少了，遥控器的"附加属性"开始凸显。而现在，手机遥控器已经成熟，在手机上就能方便地控制电视，甚至实现电视与手机屏幕的共享。

从上述遥控器的变化中不难发现，从缩短距离到增加按键选择，到增加遥控器附属功能到遥控器与手机结合，每一次的简化方式，都是一次标新立异的思维突破，这需要我们有创新精神，去发掘用户生活中觉得不便的地方，并通过技术、创新思维去改变。

追求简单，才是人类的天性。简单的意蕴，在于比别人多想一步：更好地了解东西，更好地洞察小到自我、大到世间万物的规律。有时候，越简单，越不简单。

古今中外，大道至简。沟通贵简，是一种实践的智慧。沟通贵简，才能真正做到卓尔不凡。

◎　阅读心得

第六章
CHAPTER 6

沟通时效，
至关重要

> "一个人必须知道该说什么，一
> 个人必须知道什么时候说，一个人必
> 须知道对谁说，一个人必须知道怎
> 么说。"
>
> ——彼得·德鲁克

英国散文家、哲学家弗朗西斯·培根说："善于在做一件事的开端识别时机，这实在是一种极难得的智慧。"时机对于万事万物来说都是非常重要的，沟通的时机和效果亦有着直接的关系。

孔子曰："侍于君子有三愆：言未及之而言谓之躁，言及之而不言谓之隐，未见颜色而言谓之瞽。"意思是说，与人交谈要避免三种错误：第一沟通时机不对，是急躁；第二时机到了却不说，是隐瞒；第三沟通不看氛围，是盲目。说什么、怎么说、何时说，这三点决定了沟通的效果，正所谓"知者善谋，不如当时"。

在沟通与交流中，相机而行，相时而动，顺天应时，随机应变，可以产生事半功倍、水到渠成的效果。沟通时效，对于沟通的成效来说，无疑显得至关重要。

█ 与时消息

《易经》有云："时止则止，时行则行；动静不失其时，其道光明。"与时，逐时也，意味着世间万物随着时间的推移而发生变化。沟通亦与此同理，所谓"与时消息，与时偕行，与时俱进"。沟通，要把握准确的时机，要得到实时的、最新的信息，要学会变通。

阿里巴巴创始人马云认为，团队最关键的是要与成员进行充分并及时的沟通。有一次马云在候机的时候，打开了阿里巴巴企业内网，看到其中一个帖子倡导大家在内网中点燃"民主自由之火种"，以"直面社会的黑暗"。这是一个非常敏感的话题，马云看到后，在飞机上写出一封长信与新团队成员进行沟通，交流想法。

信中是这样写的：

> 我绝对没有那么可爱和具吸引力，我深知自己这点水平和能力，我一定会让您失望，这我绝对保证。阿里也没有别人说的那么好，我们是一家这个时代运气很好的公司，我们是群平凡得不能再平凡的人，我们在一起就是想一起做些不平凡的事。

当然我们也没有外面某些人说的那么坏。我们只是一批年轻人，在做一件前人没有做过的事，我们在努力把现实和理想结合起来，我们在努力尝试，改变……

马云不仅重视团队成员的心理变化，还及时地与他们进行各种想法的交流和沟通。要想实现充分的沟通，除了要具有敏锐的观察力，还要做到沟通的及时性。"与时消息"，揭示了沟通效果会随着时间的流逝逐步消减，过晚的沟通甚至会错过最佳时机。

"便条式沟通"是一种独具创意的及时沟通方式。通用电气前总裁杰克·韦尔奇每天必做的事情就是亲自动笔给公司成员写便条，便条内容包括但不限于征求对公司决策的意见、了解业务的进程、询问工作的困难等。这种方式被他称为"便条式沟通"，不仅沟通速度快、直接明了，而且还能及时了解到最新、真实的信息，方便韦尔奇更好地管理公司。1987年，韦尔奇在一次演说中指出："真正的沟通是一种态度、一种环境，是所有流程的相互作用。它需要无数的直接沟通；它需要更多的倾听而不是侃侃而谈；它是一种持续的互动过程，目的在于创造共识。"

英特尔的"开放式沟通"、摩托罗拉总裁的"每周一信"、三菱重工的"周六例会"，这些都是"与时消息"的方式，彰显了沟通时效的本质，即通过不断地及时沟通，创造集体共识，实现理想目标。

"与时消息"还体现在沟通时要懂得察其言、观其色，时刻注意沟通氛围。高情商的沟通达人都会时时刻刻揣摩沟通对象的心意以促成理想的沟通效果：一方面，观察沟通的场合时机，判断是否适合沟通；另一方面，观察沟通对象的反馈，判断是否继续沟通。

三国时的刘劭在《人物志》中总结了察言观色的口诀："心气粗讼者，其声沉散；心气详慎者，其声和节。心气鄙戾者，其声粗犷；心气宽柔者，其声温润。"又说："诚仁，必有温柔之色；诚勇，必有矜奋之色；诚智，必有明达之色。"唐人赵蕤在《反经》中又进一步总结："诚忠，必有可观之色；诚絜，必有难污之色；诚贞，必有可信之色。"察言观色是需要一生学习的能力，懂得何时说、怎么说、说什么，才能让沟通更加有效。

《荀子·非十二子》中有一句话："言而当，知也；默而当，亦知也。"意思是说，说话得当，是明理和智慧的表现；不该说话的时候能沉默得得当，也是明理和智慧的表现。

子禽问墨子："多说话有好处吗？"

墨子答道："苍蝇、青蛙，白天黑夜叫个不停，叫得口干舌燥，然而没有人去听它的。但你看那雄鸡，在黎明按时啼叫，天下震动，人们早早起身。多说话有什么好处呢？重要的是话要说得切合时机。"

我们常常评价一个人情商高，很会说话，其实正是因为他懂得在适当的时机说适当的话，既不让他人难堪，也显得自己大方得体。知道怎么说话，知道何时说话，知道不乱说话，是一种了不得的软实力。语言最能暴露一个人，恰当的时候说话是智慧，恰当的沉默也是一种智慧。

▌机不可失，失不再来

机不可失，失不再来。"机"，一是时机，二是机遇。

　　李开复在微软工作时，一开始和很多人一样，都期望着能和比尔·盖茨交流，但每次都因为害怕说错话或者不敢开口而浪费了沟通机会。直到有一次，微软公司召开会议，要求到会的所有人都必须轮流发言。李开复借着这次机会，将自己的想法和意见全都大胆地讲了出来。没想到，比尔·盖茨不但接受了李开复的意见，而且将他的话进行了引用。这说明勇敢地把握机会，并自信表达，会带来意想不到的惊喜。

　　孔子曰："言行，君子之枢机，枢机之发，荣辱之主也。言行，君子之所以动天地也，可不慎乎。"行动做事要看时机，说话亦是如此。选择并抓住恰当的时机，说正确的话，能够让沟通对象更容易并更愿意倾听。

　　李开复在苹果公司认识了一位经理，这位经理告诉他有效沟通的秘诀是"不要总是抢着发言，自己不懂或不确定时，就要把嘴闭得紧紧的。但是当自己有好的意见时，决不错过良机！"李开复又问："如果别人都抢着讲话，要怎么发言呢？"这位经理说，首先他会用肢体语言表示发言意愿，但如果其他人霸占了所有的发言机会，他就会等发言人调整呼吸时，迅速接上话头。

　　古希腊哲学家柏拉图说过："一个人不论干什么事，失掉恰当的时节、有利的时机就会全功尽弃。"英国剧作家威廉·莎士比亚也说："要是不能把握时机，就要终身蹭蹬，一事无成。"时机和机遇是人生的转折点。选对了时机，抓住了机遇，便会改变未来人生的走向。

　　毛遂自荐是人尽皆知的故事。毛遂在赵国的平原君门下三年，却从未受到重用，在平原君选择人手准备前往楚国交涉求助时，毛遂自告奋勇，申请跟随，但平原君拒绝道："真正有才之人，就像放进布袋里的锥子，即便隐藏在袋子中，也会显露锋利的锥芒。你在我门下三年，我都没听说过你，看来你并不合适。"可毛遂仍不气馁，他知道若是不抓住这次时机，可能此后都碌碌无为。他力争道："我此次站出来就是请求你将我放进袋子里，如果之前有这样的机会，那我就不只是露出锥尖而已，而是才能显现，锋芒毕露。"平原君听此，认为言之有理，便允许毛遂跟随出使。

　　毛遂深知自身才能，只是没有合适的时机向平原君表现。若是在平时，平原君定不会将毛遂的话放在心上，正是在这种紧迫的关头，毛遂才能让平原君记住自己。可见，沟通的时机与效果密切相关，沟通时机的选择与把握尤为关键。

　　柏拉图的老师苏格拉底曾经让学生们在麦田中摘取一支"最大的麦穗"，要求是不能走回头路，而且只能摘一支。第一个学生刚走进麦田就发现了一支很大的麦穗，便迫不及待地摘了下来，可后来他发现还有更大的，但想到规则要求，只能作罢；第二个学生总能发现比刚才看到的更大的麦穗，所以他认为不必急着摘，肯定会遇到更大的麦穗，可是当他走到尽头才发现，自己已经错过了最大的麦穗，只好随手摘了一支；第三个学生将麦田分为三块，选择在麦穗普遍较大的麦田里选择最大的一支。

　　面对时机，不仅要当机立断、及时把握，还要懂得抓住眼前的时机，不要过于挑挑拣拣。当时机失去，便再也不能回头。可能有人会想，下一个会是"良"机。然而，这样做的结果就是不断地等待时机，最终往往会错过一些良机。

　　印度诗人泰戈尔说："我不能选择那最好的，是那最好的选择我。"智者会把握住每一次时机，并将它们转化成美好的未来。也可能有人会想，万一这个时机带来负面的效果呢？朋友，请你铭记于心：大多数后悔，都是源于没做某件事情，而不是做了某件事情。

思考是万力之源，行动力是万力之本，表达力是万力之魂。只有将思考与行动在恰当的时机，充分、正确、恰如其分地表达出来，才能让沟通对象更容易并更愿意倾听。《论语·宪问》中说，"时然后言，人不厌其言。"在适当的时候才说话，别人就不会讨厌他的话，所言就是这个道理。

在最合适的时机，对最合适的人，用最合适的方法说话。抓住沟通的时机，恰如其分地利用时机。重大的机会和机遇对一个人的一生来说并不太多，很多时候就那么一两次，难得的机会不可轻易地失去，一旦失去就不会再来。

绝渡逢扁舟

绝渡中的扁舟，就像裂缝里透过的光，石缝里钻出的小草，狂风中摇曳的花，哪怕只有一丝希望，也要牢牢抓住，向阳生长，向死而生。

　　"生存还是毁灭，这是一个值得考虑的问题；默然忍受命运的暴虐的毒箭，或是挺身反抗人世的无涯的苦难，通过斗争把它们扫清，这两种行为，哪一种更高贵？"沟通中经常会碰到似乎不可逾越的"鸿沟"，而处理沟通困境的方式，便像是哈姆雷特的矛盾心理，有的人退缩忍受，消极对待；而有的人勇敢正视，积极克服。

　　绝处逢生的真谛在于身处逆境而泰然自若，身陷囹圄而苦中作乐。绝境是一块绊脚的石，巧妙的沟通便能迈过去；绝境是一座摇晃的桥，巧妙的沟通便能闯过去；绝境是一条湍急的河，巧妙的沟通便能渡过去。

　　著名演员张曼玉曾在电影《白玫瑰》中饰演一位保险经纪人钱美贵。钱美贵向议员推销保险时，因为在其竞选议员期间，保险行业没有给议员投票，因此他拒绝钱美贵的见面请求，并且撕毁了钱美贵的名片，秘书从办公室出来想要赶走钱美贵，钱美贵目睹了撕毁名片的过程，于是她对秘书讲："没关系，只是名片是否能还给我，公司规定没有见面的客户是要把名片拿回来的。"见状，议员只好让她进来，钱美贵由此创造了开启沟通的机会。正如培根所说："智者创造的机会比他得到的机会要多。"

　　议员故意刁难钱美贵，赔给她一块钱。对此，钱美贵并没有愤怒地转身离去，而是问道："先生，名片代表我。你给我一块钱，也就是说，我在你心中只值一块钱。我不知道您认为自己值多少钱呢？"议员回怼道："我值多少钱不是一个问题。总之我是不会在你这里买保险的。"钱美贵紧接着说："那不一定！我认为你值多少钱是个很大的问题。起码你的劳斯莱斯都比你的命值钱。你替你的车都买了全险，那么只有不值钱的东西才不用买保险喽。算了，我不耽误你了。"议员听此，马上叫住她，让她做预算。议员自视高贵，自然不愿意承认自己不值钱，钱美贵恰恰是在与其交流的过程中察觉到其性格，抓住破除沟通困境、促成生意的扭转时机。

　　美国商人克里斯·加德纳在机缘巧合下拿到某证券实习生的申请表，但只有高中学历的他清楚地知道如果就这样把简历交上去，肯定会被刷下来，因此他利用和人力经理同车的时机，向其介绍自己，意料之中，人力经理并不理睬他，克里斯·加德纳看到人力经理在玩魔方，迟迟不能复原，他便主动提出帮忙解决魔方难题，以此展示自身的数学能力，成功获得实习机会。这说明当沟通进行不下去，时机便发挥着它的作用。

法国作家罗曼·罗兰曾说："生命是建筑在痛苦之上的，整个生活贯穿着痛苦。"人生中的挫折与磨难是不可避免的，关键的是以何种心态面对。绝境中的心态决定了未来人生的走向，既然已身处逆境，何不笑对人生？面对逆境，重要的是不要丧失再次战斗的勇气、永不言败的精神和沉得住气的顽强毅力。面对沟通的困境，勇往无前、沉着冷静的心态同样显得十分重要。

当陷入沟通困境时，第一要稳住心态：语言是人类的第二表情，口中说出的话蕴藏着一个人的心境，心境澄明，更显君子气韵。第二要察言观色：闻声、察相、窥行、观景，沟通对象的一言一行都能传达出若干信息。第三巧用语言，善谈者要善幽默，恰当的幽默能够化解尴尬等，又或是顾左右而言他——沟通卡住时，不要恋战，可以先"言其他"，用表面上看起来并不相关的言语介入原本的沟通困境，缓和氛围，终将实现"柳暗花明又一村"的效果。

当沟通陷入困境，积极应对，保持乐观心态，抓住或等待时机便能成为绝渡中的扁舟。绝渡逢扁舟是磨

炼，在逆境中苦其心志；绝渡逢扁舟是考验，在逆境中
经受锤炼；绝渡逢扁舟是智慧，在逆境中泰然处之。在
绝渡中，积蓄能量，一旦遇到扁舟，就紧抓不放。

▌四两拨千斤

"满齿不存，舌头犹在。"牙齿无法长久保留，舌
头柔软却生命力最是刚强。语言的力量究竟有多少强
大？烛之武言语间分析利弊劝退秦师；苏秦、张仪舌灿
莲花纵横捭阖，天下离合；马丁·路德·金的《我有一
个梦想》，燃起美国黑人争取权力的斗志。

源于太极拳的"四两拨千斤"若运用到人际沟通之
中，可以起到立马扭转乾坤的成效。

说话虽简短之中带温柔，效果却犀利之中藏力量。

1991年11月15日，美国国务卿詹姆斯·贝克访华，
表示要与我国达成协议，主要包括防止武器扩散、经
贸合作等。当时国务院副总理钱其琛主要负责与贝克
谈判。1991年11月17日，二人在谈判中寸步不让，但钱
其琛在谈判过程中风度翩翩、镇定自若，甚至在贝克

佯装离开时，仍淡定微笑，直视贝克。最终，此次谈判，我国取得圆满成功，事后贝克对钱其琛的外交智慧赞不绝口。君子之风如水，虽是谦卑之姿，却绝不是卑微之态。《道德经》中有云："大智若愚，大巧若拙。""大音希声，大象无形。"以不变应万变，便能起到四两拨千斤的效果。

常言道：人太刚则易折，水至柔则无损。人生路上，真正有智慧的人，善于以柔克刚，知道如何趋利避害。沟通时效不仅是指时间节点上的时机把握，还体现在随机应变之中。"四两"的妙语，所引发的效果却重比"千斤"，或点破玄机，或化解危机，或扭转局势。

秦国名将王翦，与白起、李牧、廉颇并称"战国四大名将"。他每次指挥出征，都会向秦王讨要良田美宅。秦王有次疑惑地问道："将军放心出征，何必担心？"王翦回答道："再立功，您也不会给我什么爵位了，所以斗胆请求赐我田地房屋，让我为后代筹谋家业。"秦王大笑。实际上，王翦并非贪婪之辈，可他目前掌管秦国军队，秦王必定不安多疑，因此他请求赏赐，为后代计谋，秦王便不会认为他有造反之意。王翦一句话，不仅安定了秦王的心，还保全了自己的性命。

沟通的时机之中不乏智慧之举。

德国诗人歌德有一次在公园散步，与一位批评家在一条狭窄小路上相遇。这位批评家十分傲慢地说："我从来不给蠢货让路。"而歌德笑着退到路边说："我恰恰相反。"短短一句话，以彼之道，还施彼身，高下立见。

美国总统亚伯拉罕·林肯演讲时，一位先生递给他一张纸条，上面写着"傻瓜"两个字，林肯镇静地说道："我收到过很多匿名信，有正文没有署名，今天恰好相反，刚才那位先生只署了名，没写信。"沟通时的随机应变往往起着关键的作用，灵活的思维配上简单的语句，不费吹灰之力就逆转局势。

面对重要的事件、场合和形势，必须重视沟通时机的作用，而时机的选择与运用则需要理性的判断。古罗马哲学家西塞罗说："智者受理智的指导，常人受经验的指导，而野兽受直觉的指导。"做人最大的智慧，便是在思考与判断时，学会选择、清醒与把控。

2004年，我国为了适应日益增长的铁路需求，在国产高铁技术还未成熟的情况下，打算借助国外技术发展国内高铁。当时符合投标条件的有四家公司，分别为德国西门子、法国阿尔斯通、日本高铁联合体和加拿大庞巴迪。日本方面原本想欺负我国谈判专家年轻，威胁要走，但我国谈判专家轻飘飘的一句"今天要是出了这个门，从此便失去中国市场"，让日本方面坐回了谈判桌；法国方面本想使用离间计，没想到我国谈判专家敏锐洞悉对方心理，中国企业相互配合，均不以法国公司为首选，拆穿对方计谋；德国西门子猜测自己是中国铁道部的首选合作对象，因此态度十分傲慢，不仅漫天要价，而且提出许多技术转让的限制。然而他们不知道的是，中国此次谈判方略之一是利用西门子向其他公司施压。面对这场谈判，中国做足了准备，对多方进行了透彻的分析，最终取得了全面的胜利，展现了我国谈判专家们在紧张严肃的场合下随机应变的能力：见招拆招，顺势而为，从而游刃有余，大获全胜。

1997年8月，戴安娜王妃遭遇车祸去世。几百年来，白金汉宫首次应公众要求降半旗。在公众的眼里，戴安娜王妃为人随和善良，体察民情，他们不满英国皇室，尤其是伊丽莎白女王对戴安娜王妃的冷漠无情。白金汉宫外摆满了公众送来的鲜花、气球、标语和吊唁字条。面对英国民众的愤怒和悲痛与日益提升的取消君主制比率，伊丽莎白女王在电视上进行了直播。在直播中，她以婆婆的身份，真切地表达了对戴安娜本人的称赞以及对其家人的劝慰："我敬佩且尊重她。"电视直播后，英国民众重拾对英国皇室的信心。

语言的力量，无法想象。仅仅一篇不过三百字的演讲，就能缓和社会矛盾，挽回王室尊严。女王选择的演讲时机恰到好处，让民众能够听进致辞，不会被愤怒与悲伤冲昏头脑。在此时机，女王真情实感的演说，正是用四两拨千斤的智慧，再一次拯救英国王室的声望。

敏锐观察，沉心静气，通达灵活，随机应变。四两拨千斤，谋定而后动，知止而有得。抓住时机，简言要语，扭转乾坤。

▌从"话不投机"到"话常投机"

东晋诗人陶渊明在《答庞参军》中写道："谈谐无俗调，所说圣人篇。"其意是说，他和庞参军谈话投机毫不俗气，共同爱好先圣遗篇。

"酒逢知己千杯少，话不投机半句多。"志趣相投，彼此心意相通，千杯酒都嫌少；志趣相左，彼此心意相悖，半句话都嫌多。

沟通，往往是灵魂的交流，而灵魂知己，可遇不可求。冯梦龙在《警世通言》写道："摔碎瑶琴凤尾寒，子期不在对谁弹！春风满面皆朋友，欲觅知音难上难。"伯牙善于演奏，钟子期懂得欣赏，高山流水遇知音，二人心有灵犀，直到钟子期身死，伯牙认为世上再也不会有像钟子期那样懂自己的人了，便摔碎最心爱的琴。

又如"管鲍之交"的千古佳话，鲍叔牙对管仲了解通透，知根知底。合伙做生意，别人认为管仲出钱少却拿钱多，不厚道，而鲍叔牙却知道管仲是因为家境贫困；作战打仗，管仲冲锋躲在后面，撤退跑在前面，别人说其贪生怕死，而鲍叔牙却知道管仲是因为家中有老母亲要照顾，不敢不珍惜生命。后来二人分开，各自做了齐国两位公子的老师，争夺君位时，鲍叔牙辅佐的公子小白（即齐桓公）即位国君，齐桓公本想将管仲处以极刑，而鲍叔牙竭力推荐管仲的才能，保其性命。《列子》记载，管仲曾说："生我者父母，知我者鲍叔也！"

正如曹雪芹所说："万两黄金容易得，知心一个也难求。"可见人生在世，真正能成为知己的人一定是心灵沟通十分契合的人，容易共情并随时产生共鸣的人。

当与人话不投机的时候，很多人会选择沉默，拒绝继续交流。沉默是表达态度最简单、最容易的方式。然而，有时一味地保持沉默，并不是一件聪明的事情。如果只是因为话不投机，就选择用沉默来对抗，放弃了自己原本的目的，那么往往会适得其反。

人生在世，必须学会说话，学会如何转化话不投机的尴尬。高情商、会说话的人可以跟任何人交流，即便观念不同，也能够让话题进行下去。

历史上有不少谏臣，有的人以死相逼、直言相劝，而有的人审时度势、委婉进谏。二者方式不同，沟通效果也不尽相同。比干犯颜强谏，激怒商纣王，最终被斩首示众；伍子胥与文种以死相逼，吴王夫差和越王勾践却将他们斩首，尸体掷于江中。可见，沟通要注意时机与方法。

三国时期，曹丕与曹植争夺太子之位，曹操有意立曹植为太子，便先去探探被称为"三国第一毒士"贾诩的态度。贾诩当时已是暗地支持曹丕，可此时如何回话既能表明态度，又能顺着曹操的心意，保全自己的性命呢？贾诩先是不说话，曹操问他为何不说话。贾诩说："臣在想一件事情。"曹操顺势问是什么事情，贾诩回道："臣在想袁绍、刘表父子的事情。"袁绍、刘表都是废长立幼，导致骨肉相残，最后曹操渔翁得利。曹操一听，立刻揣摩出贾诩的态度，决定立曹丕为太子。曹操费尽心机，自然是不愿意将江山拱手让人，贾诩利用曹操的这一心理，委婉巧妙地进谏，让本不合听者心意的话合心意，实现自己的沟通目的。

鬼谷子言："欲说者务稳度，计事者务循顺。"其意是指：想要说服君主时就必须暗中揣度君主的心意，出谋划策时也必须顺应君主的意愿。这对于沟通也是有启发意义的。

沟通双方要充分了解对方意图。常有人说："咱们沟通不在一个频道。"真正的沟通是双向的，一方滔滔不绝、侃侃而谈，而另一方毫不感兴趣甚至没有继续听的意愿，双方没有信息和情感的交流，那么这样的沟通就是无效的沟通。

那么，如何能转化"话不投机"的尴尬境况，实现有效的沟通呢？

一、确定沟通目标。目标驱动为沟通成效带来动力。

二、选择沟通话题。寻找双方的最大公约数，降低"自我本位"倾向，学会感同身受、换位思考。

三、注意沟通时效。把握沟通时机，相时而动；注重沟通节奏，顺时而为；营造沟通氛围，应时而行。

柯南·道尔曾借夏洛克·福尔摩斯之口说："一个观察家，既已透彻了解一系列事件中的一个环节，就应能准确地说出前前后后的所有其他的环节。"沟通时不应只是看见表象，而是仔细观察到有效的细节并作出理性的推断。

"经起秋毫之末，挥之于太山之本。"事物开始的时候都像秋毫之末这样微小，但一旦发展便像泰山根基一样宏大。隐藏在沟通过程中的微小细节，或沉默，或非语言行为，很可能成为沟通成效变动的关键。

明代思想家王阳明在《传习录》中写道："处朋友，务相下则得益，相上则损。"人生百态，包罗万象，我们会和各式各样的人打交道。在与人相处时，要谦卑相待，观念统一，则把酒言欢；观念不统一，不必强硬地灌输思想。沟通的智慧，在于"话不投机"到"话常投机"的转变。

会沟通是一门学问，有分寸是一种修养。你越会沟通，别人就越快乐，别人越快乐，就会越喜欢你；别人越喜欢你，你得到的帮助就越多，你会越快乐。

人生是由一言一行沉淀而成的，你怎么说话，决定你是谁，甚至决定你过得好与不好。

口为祸福之门，懂得谨言慎行，照顾他人感受，才是智慧之举。

◎ **阅读心得**

CHAPTER 7

沟通"争辩"，
容易失算

"处世让一步为高，退步即进步的张本；待人宽一分是福，利人实利己的根基。"

——《菜根谭》

《老子》有云："不自见故明，不自是故彰，不自伐故有功，不自矜故长。夫唯不争，故天下莫能与之争。"杨绛先生送给年轻人的箴言中有这样一句话："我和谁都不争，和谁争我都不屑。"这是杨绛先生翻译的英国诗人W.S.蓝德的一句诗，她特别喜欢这句话，这也是她一生的人生哲学。

与谁交往都能做到真诚待人，守信做事，就能豁然达观，眼光长远。一时的谦让是为了长久的和睦，不与人争，天下就没有能与你相争的人。沟通用嘴，是语言沟通；用身，是肢体沟通；而用心，才是打开心灵之门，是建立和睦友善关系的不二法则，也是我们需要修炼的处世哲学。

沟通是心灵的桥梁，可以解决争辩，消除误解；沟通是治愈的良药，可以化解冲突，抚平伤痕。

▎ "濠梁之辩"的启示

"濠梁之辩"的故事记载于《庄子·秋水》中，讲述的是战国时期两位著名的思想家、哲学家庄子与惠子在濠梁之上的一次关于"鱼是否快乐"的辩论。

有一天，庄子与朋友惠施在濠水的一座桥上散步。庄子看着水里的鲦鱼说："鱼儿游得多么悠闲自在，这就是鱼儿的快乐。"惠子说："你不是鱼，你哪里知道鱼儿的快乐呢？"庄子说："你不是我，你怎么知道我不知道鱼儿的快乐呢？"惠子说："我不是你，本来就不知道你；你也本来就不是鱼，所以你不知道鱼儿的快乐，这是完全可以断定的。"庄子说："请回到我们最初的话题。当你说'你哪里知道鱼儿的快乐'时，就是说你已经知道我知道鱼儿的快乐，只是问我从哪里知道的，我现在告诉你，我是在濠水桥上知道的。"

庄子机智地采用了"偷换概念"的论证方式，以此迷惑了惠子，从而压制了惠子的反驳。这场辩论从客观性与逻辑性上看，是惠子占了上风；从巧辩智辩上看，是庄子占了上风。

其实二者的辩论没有谁对谁错，也没有谁赢谁输，他们只是从不同的角度，采用不同的方式，进行了各自的辩论，发表了自己的见解与观点。

这则故事给我们最大的启示是：不要总以自己的眼光去看待别人，不要总用自己的想法去妄加猜测与评判别人，更不能随意地把自己个人的思想、观点和认识强加于别人。因为每一个人所处的位置与角度不同，文化水平以及认知能力有差异，即使在同一个问题上都会有不同的见解，所以我们在沟通中，应该以豁达包容的态度，尊重别人的见解，以达到求同存异的境界。这才是与人相处的最高境界。

《礼记·乐记》有言："乐者为同，礼者为异。同则相亲，异则相敬，乐胜则流，礼胜则离。"也就是说要"求同存异"。沟通的根本目标是合作，合作的基础是达成共识，争辩是沟通中最大的绊脚石。大到国家，小至个人，每个个体都具有自己的独特性，这就造成了"异"的必然性，但人性是相通的，这就说明了"和"的可能性。

英国作家、文学评论家、诗人塞缪尔·约翰逊说："心存偏见的人总是弱者。"其实，大多数的争辩都源于各自的偏见。和对的人谈论对的事，于两人都是加法。和错的人谈论对的事，于两人一定是减法。所以，与有偏见的人明是非，本身就是一件有失明智的事。而我们能做的就是尽量避免这种争辩，把"争辩"转化为更好的沟通，这对于双方来说都是更有意义的选择。

戴尔·卡耐基说："争论的结果十之八九都会使双方比以前更相信自己绝对正确。你赢不了争论。输了是输，赢了还是输。"在面对冲突的时候，争辩往往解决不了问题，只有学会理性地看待问题才能避免矛盾和冲突的发生。

放眼古今中外，真正成功的人从来不做没必要的事，也从来不与没必要的人争辩。试图说服别人的功夫，倒不如自己读读书、喝喝茶，陶冶一下心情，寻求自我提升。现实中的我们，难免会与人争辩，辩生活、辩工作、辩见闻、辩真理。既然无法避免争论，那就做一些有意义的争论。避开那些有偏见的人、糊涂的人、见识短浅的人。只有这样，我们的每一次争论才会是正向的，于自己也是做加法的。人这一生真正需要在意的是遵从自己的内心，看重自己的想法，内心丰盈的人从来不会活在别人眼里，更不会活在别人嘴里。

周国平说："每一个人降生到这个世界上来，一定有一个对于他最合宜的位置，这个位置仿佛是在他降生时就给他准备了的，只等他有一天来认领。"和不同位置的人争辩，是争不出结果的。差异存在的形式有千百种，认同的方式也有千百种，对此最好的方式便是求同存异。如果能达成共识那便很好，若是存在差异，也没有关系，生而为人，本来就有坚持的权利。

春夏秋冬，四季交替，大自然都有差异，何况人呢？天空大地，包罗万象，大自然都能认同，何况人呢？

求同存异，事之真理，大家若都能做到，那便安好。

▌ "舌战群儒"带来的另一种思考

古罗马诗人奥维德说过："为自己的利益而争论，人人都是雄辩家。"有些时候，沟通中的争辩很难避免；面对不可避免的利益冲突，我们也不得不与他人争辩，如果没有良好的策略和强大的内心，很容易在争辩中"失算"。因此，我们需要了解一些争辩的策略、方法和技巧，在迫不得已的情况下，使之成为捍卫自身利益的武器。

"一言之辩，胜于九鼎之宝；三寸之舌，强于百万之师。"东汉末年，诸侯争霸，曹操挟天子以令诸侯，平定了北方大部分割据势力，只剩下南方的孙权及刘备还对他存有威胁。曹操考虑到同时吃掉两股势力比较困难，而当时刘备势单力薄，就圈定刘备为第一个消灭的对象，于是他写信给孙权，想与孙权联手铲除刘备。

东吴众文臣，因畏惧曹操势力强大，纷纷主张投降曹操，只有鲁肃持有不同意见，但是他孤身一人难以服众，所以他特意请来诸葛亮，试图说服孙权及东吴各文臣，实现孙刘联合抗曹的目的。

诸葛亮舌战群儒的目的只有一个：促成孙刘联合抗曹。而达到这一目的先要明确吴国的决策机制：东吴的最终决策人是孙权，张昭和周瑜对于决策有重大影响，鲁肃、顾雍、步骘和虞翻的影响逐次递减。因此诸葛亮舌战的第一目标是孙权，第二目标是张昭。

进入辩论实战阶段，东吴的各位文臣看见诸葛亮孤身一人，就采用轮番进攻的办法，他们前后共有七人，一一向诸葛亮发难，企图在气势上压倒他。诸葛亮沉着冷静、从容面对，他灵活机动地运用了各种辩论之术，并且信手拈来，得心应手，非常值得我们学习和借鉴。

一是先守后攻，攻守兼备。

因有东吴群儒发问在先，不容诸葛亮不答，所以先守。他守得从容，既讲清事理，又详细陈述事实，将对手的发问——化解；在守住阵地后再发起反攻，使得论辩进退有致，引人入胜。若只守不攻，则必陷于被动境地；若只攻不守，则失去了据理陈词的部分，使得论辩仅仅停留在口头之上，而缺乏以理服人的成分。

二是一石二鸟，语义双关。

此辩术充分显示了诸葛亮的论辩技巧，他一石二鸟，弦外有音，往往以极精炼的语句来表达极丰富的内容，很具攻击力。这在不经意中显出其智慧，信手拈来时愈见其功力，给人留下充分的想象余地。如在谈到刘备新败原因时，诸葛亮说刘琮是"暗自投降"，意在嘲讽东吴主降之士，"非等闲可知也"，暗示张昭等皆等闲无能之辈；又说"社稷安危，是有主谋"，暗喻张昭等人无定国安邦之策，反用妖言惑主，实是祸国殃民之人。

三是各个击破，有的放矢。

对不同的人采取不同的进攻手段，这是诸葛亮采用的第三个辩论方法。面对不同的对手采取详略不同、论辩方法不同的战术，有的放矢，针对老辣者详细辩之，而遇见浅薄者则简而言之，挥挥洒洒，左右逢源，嬉笑怒骂，皆成文章，着实令人叹服。

四是语势磅礴，以理服人。

整个论辩过程中，诸葛亮语势磅礴，使对方慑服于他的语言威力。这一点突出体现在他的反问语气的运用上。如反诘张昭："鹏飞万里，其志岂群鸟能识哉？"反击步骘："君等闻曹操虚发诈伪之词，便畏惧请降，敢笑苏秦、张仪乎？"对陆绩："且高祖起身亭长，而终有天下；织席贩屦，又何足为辱乎？"一连串的反问句，语势强烈，咄咄逼人，在以理服人的基础上，诸葛亮更以其语言的气势压倒对手。

总之，诸葛亮坚信孙刘联合抗曹是正义之举，在辩论实战时，他灵活机动地运用多种辩术，驳得东吴众文臣哑口无言，只有招架之功，而无反击之力。最终顺利说服孙权同意孙刘联盟，他们后来也如愿取得赤壁之战的胜利。诸葛亮在舌战群儒时风头出尽，他娴熟的论辩技巧令人折服，也值得我们借鉴、学习。在我们无法避免冲突的情况下，可以利用这些方法维护自身利益。

在不见硝烟的战场上，语言的力量的作用胜过百万雄兵。

▎退一步海阔天空

"忍一时风平浪静，退一步海阔天空。"人们常用这句话劝慰别人或告慰自己——做人要宽容。《现代汉语词典》中，"宽容"一词的解释是："宽大有气量，不计较或追究。"

在即将陷入沟通争辩之前，短暂的忍耐能够换来长久的和气，一步退让便能带来"柳暗花明"的转机。这句古语有两层意思："忍"即"宽容"，"退"非"退让"，而是"以退为进"，是为人生的大智慧。

央视采访易中天的时候问了他这样一个问题："好多人对你有异议，你介意吗？"易中天回答的既在意料之外却又在情理之中，他说："若是厦门刮台风你说我介意吗？我介意也会发生，我不介意也会发生，这根本就不是我介不介意的问题！"是啊，很多事情不是人为控制的，是必然会发生的。既然它发生了，我们就应该戒骄戒躁，从容面对，而不应该自怨自艾，甚至破口大骂或者大打出手，与别人争得头破血流。

非攻，体现了一种宽广的胸怀和包容的心。我们要知道，由于生活的背景不一样，每个人看东西的角度会不一样，看东西的深浅也有差别。你不能强求别人都按着自己的想法来，要有勇气和胸怀来接受与自己不同甚至反对自己的意见。因此，很多争辩往往没有必要，退一步，往往能够化解诸多琐事。

知名礼仪与公共关系专家金正昆教授有一句名言："我从来不拿自己折磨别人，你也没有必要拿别人折磨自己。"还有一句话是这样说的："生气就是拿别人的错来折磨自己"。一个懂得宽容的人，心胸必定也是宽广的，他不会锱铢必较，也不会因为占了小便宜而庆幸。太过斤斤计较的人，注定会活得很累。人生苦短，珍惜每一次遇见，珍惜每一段缘。给别人留余地，就是给自己留情面。人生本来不易，生活本来艰辛，得饶人处且饶人。不是所有人，都值得掏心掏肺；不是所有事，都值得鞠躬尽瘁。

《菜根谭》说："处世让一步为高，退步即进步的张本；待人宽一分是福，利人实利己的根基。""进"与"退"不仅是一种选择，更是一种境界。与人争辩时，退一步带来的不是讥笑而是对方的尊敬与欣赏。进一步不意味着前进，退一步不意味着倒退。

人的一生，没有多少时间可以供我们挥霍。理解能沟通心灵，打消猜疑。退一步，凡事设身处地，多多理解和宽容别人。一辈子不愿意退一步，其实就是一辈子和自己作对。

《菜根谭》又说："路径窄处留一步，与人行；滋味浓时减三分，让人嗜。"行走在狭窄的路径，留一些让他人行走；遇到美味的食物，留三分给他人品尝。让步，是发自内心的尊重，更是一种为人的涵养。对好友让步，方能赢得人心；对爱人让步，方能天长地久；对家人让步，方能家和万事兴。

让步，不仅是宽厚他人，更是解脱自我，学会让人三尺，方能渡己一生！

换位思考，将心比心

学会换位思考，将心比心，即所谓的"同理心"。同理心是一个心理学概念，指的是一个人能够设身处地地为他人着想，而且能够对他人的一些感受感同身受，从而更深刻地了解他人、理解他人和包容他人。同理心的概念来源于希腊语，原本是美学理论中用以形容理解他人主观经验的能力，20世纪20年代由美国心理学家爱德华·布雷福德·铁钦纳首次引入心理学领域，他认为同理心是通过内在模拟形成心理意象的过程。

同理心，或者我们常说的换位思考，是人际沟通中的法宝，是设身处地为他人着想，是理解至上的一种处理人际关系的思考方式，是在沟通中有效避免争辩的良方，也是取得双赢的秘诀。

同理心有三个维度：第一，同理心要求采纳观点，主动倾听并且站在他人的位置上思考对方提出的观点；第二，同理心是情感面向，是真正设身处地感受对方当时的情绪；第三，同理心是真诚地关心对方的福祉，不仅要在思想上考虑对方，更要为对方的利益做考量，尽可能地保全对方的利益。

孔子曰："己所不欲，勿施于人。" 同理心，应当从同理自己和他人开始。想成功地与人相处，让别人尊重自己的想法，唯有先改变自己。我们只能修正自己，不能修正别人。父母总希望孩子能够好好学习，并且希望孩子按照自己的意愿去学习；企业希望员工加班，主动为公司付出。可是如果不能体会到孩子和员工的真正内在需要，那么最后的结果只能是两败俱伤。随着现代社会的发展，父母越来越重视孩子的教育，越来越多的父母在平台上付费咨询子女教育的问题。但如果不去理解自己的孩子，不去理解真正的自己，恐怕再多的咨询也于事无补。

己所欲，也勿施于人。自己不想要的东西，不强加给别人，这个很好理解，但我们还要明白，人和人是不同的，我们喜欢的东西，别人未必喜欢，所以培养同理心，还要做到"己所欲，也勿施于人"。同理心，不仅是想象自己站在对方的立场，借此了解对方的感受和看法，还要发现自己与他人的不同，进而走进对方的心，拉近彼此心的距离。

"已识乾坤大，犹怜草木青。"越是见过大世面、有修养的人，越懂得换位思考、心怀悲悯，善待周围的人与物。

撒贝宁在主持《挑战不可能》节目时，有一期的节目嘉宾在表演完看鱼鳞判断鱼重量的技能后，准备跟他握手。就在握手前，那位嘉宾在水缸里洗了一下手，见状撒贝宁立即倾身也洗了一下自己的手，然后才和对方亲切地握起手来。这种无论对待谁都懂得换位思考，将心比心、顾及他人的态度，正是一个人对他人最好的关怀与体谅。而所有体谅的背后，都是最善良的同理心。

俗话说："赠人玫瑰，手留余香。"这里的"余香"并不是我们沟通的目的，只要我们怀着一颗同理心去"赠人玫瑰"，"余香"自然会来到你身边。在美国经济大萧条时期，有一位名叫山姆·沃尔顿的企业家，虽然他自己开的齿轮厂近乎倒闭，但在向朋友寄信时，总会在信里附上两美元，作为对方回信的邮票钱。他的朋友备受感动，回想起沃尔顿平日的种种好处和善举。这之后，沃尔顿收到了很多订单，还有朋友来信说想要给他投资，沃尔顿的生意很快有了起色。时常有些人抱怨自己不被他人理解，其实，换个角度可能别人也有同样的感受。当我们希望获得他人的理解，想到"他怎么就不能站在我的角度想一想"时，我们可以尝试让自己先站在对方的角度思考，也许会得到意想不到的答案，许多矛盾、误会也会迎刃而解。

有人说，世界上万事万物皆有磁场，那么我们不难想象，那些相互吸引的人之间，一定有强烈的磁场，所以才能志趣相投。的确，心理上也是有磁场的，只要我们制造出与对方惺惺相惜的心理磁场，对方就会情不自禁地亲近我们，也会因为与我们之间有着共同语言，更加认同我们。

不要去争，因为争对了、争赢了，换来的反而是更多的失去。你和父母争，赢了，换来是父母的泪水；你和爱人争，赢了，换来的是爱人的离去；你和朋友争，赢了，换来的是朋友的疏远。属于你的，不用争也会属于你；不属于你的，争来了也没有任何意义。

将欲取之，必先予之。自古以来，人与人之间，最难的便是感同身受。自己不希望遭受的，就不要将其加诸在他人身上。怀着一颗善良的同理心对待他人，他人也会还之以桃。学会换位思考，将心比心，这是每个人必要的修行，是避免沟通争辩的顶级技巧，也是人世间顶级的善良。

"示弱"的沟通策略

老子在《道德经》中说："天下莫柔弱于水，而攻坚强者莫之能胜，以其无以易之。弱之胜强，柔之胜刚，天下莫不知，莫能行。"这段话的意思就是说天下没有比水更柔弱的，但攻坚克强却没有什么能胜过它，因为没有什么可以真正改变得了它。弱能胜过强，柔能胜过刚，天下没有人不知道，但又没有人能做到。

从老子开始，中国人就深悟了"大智若愚"的道理，越是聪明，表现得越是愚笨，以便在别人的轻视和疏忽中找到自我发展的空间。这就是一种示弱的智慧，形势不明朗的时候，以静制动，形势于己不利的时候，学会示弱，隐藏自己的想法和实力，不正面与别人争长短，从而不断取得进步，提升自己。

著名的非暴力沟通专家马歇尔·卢森堡认为，在人与人的沟通中，适当的示弱能够达到以柔克刚，以退为进的效果。示弱不是无能，而是一种智慧。有时候，我们之所以在人际关系中处处碰壁，是因为锋芒毕露，从来不肯示弱，以至于陷入种种争辩，处处"失算"。其实，只要尝试一次就知道，示弱是一种温柔的力量。

　　沈从文在26岁时便已成为文坛最受瞩目的明星。有一次，他受邀到大学里讲课，许多学生慕名而来，挤满了整个教室。沈从文刚走上讲台，就被当时的场面给吓到了，他愣是在台上呆呆地站了十多分钟，一句话也说不出来。等他缓过神来，只好一面低着头讲课，一面在黑板上抄写提纲。原本预备讲一个小时的课程，不到十分钟就全部说完了。台下的有些学生开始躁动，小声地议论着。这时候，沈从文拿起一支粉笔，转身在黑板上写了一句话："今天是我第一次上课，人很多，我害怕了。"看着这句话，台下的学生都站了起来，并回报以理解和鼓励的掌声。

　　沈从文用弱者的低姿态，坦诚承认自己的不足与紧张，既得到了学生们的谅解，又化解了自己的尴尬。真正厉害的人，遇事懂得适当示弱，永远给自己留有一个台阶和余地。内心虚弱的人，才会时时刻刻争强好胜；心里平和的人，早就无惧别人的眼光。示弱不仅是一种以退为进的手段，更是一种以柔克刚的力量，能在无形之中化解很多问题。

　　叔本华曾说："人性一个最特别的弱点就是在意别人如何看待自己。"因为在意别人如何看待自己，才总想成为别人眼里的强者，可真正的强者，不是活在所有人眼里的赢家。懂得"示弱"，不仅能让自己避免争辩，减少恶性沟通的损失，也是一个人情商高的表现。

在父母面前"示弱"，是孝顺父母；在孩子面前"示弱"，是和孩子做朋友，平等对话；在朋友面前"示弱"，是关爱朋友，体现友谊。"示弱"的沟通策略，不仅能够避免不必要的冲突，还能保护自己至亲至爱的人。

职场中，上级和领导往往是强势人物的代表，他们是规则的制定者、评价者，而大多数人是规则的执行者。一旦你触犯了规则，或者对此有抵触情绪，就会想当然地被认为是"对领导有意见"。可想而知，站在了领导的对立面，工作还能顺利地开展起来吗？其实，向领导"示弱"，不是一味地顺从，而是一种尊重，对规则的尊重，对制度的尊重，对整个团队的尊重。很多时候，你有自己的想法，有更好的途径去实现既定的目标，但这些"新发现、新举措"，千万不要归结为一个人的成绩。在一个团队中，你只是其中一员，更多倚靠的是集体的智慧和力量。因此，有了成绩，学会虚心的谦让；解决了问题，学会把功劳让给领导和同事；有了困难，学会求教，都是一种"柔性"的上进。说该说的话，做该做的事。关键时刻，懂得沉默，不要因为说错一句话，而毁掉自己的前程。

我们总是错误地以为示弱会使对方更加盛气凌人，以为示弱会显得自己很无能，没有勇气和对方较量。但实际上，示弱能让你在职场上满足期待不断进步；在生活中鼓励孩子更好成长；在恋爱中化解争吵修成正果。

退一步海阔天空。

示弱非弱，是一种大智慧。王阳明不只是一位思想家，也是一位足智多谋的军事将领。他在《陈言边务疏》中阐述了自己的用兵之道："或捐弃牛马而伪逃，或掩匿精悍以示弱，或诈溃而埋伏，或潜军而请和，是皆诱我以利也。"这四句话又被称作王阳明的"示弱四诀"，也是王阳明兵法的精髓。遇到过于强大的对手，硬碰硬是下下策，聪明人要么假意示弱，暗中积蓄兵力；要么佯装战败，悄悄设伏；要么隐藏实力，假装讲和。这种战术看似简单，却能用最低的成本，换取最大的胜利。无论是面对凶残的宁王，还是无恶不作的悍匪，示弱都是王阳明的绝招。

"敌进我退，敌驻我扰，敌疲我打，敌退我追"是毛泽东的重要战术，曾多次帮助中国共产党在危急时刻粉碎敌人的"围剿"。工农红军在南昌起义和秋收起义中两次与敌人进行正面交战，均以失败告终，于是毛泽东把残余部队转移到了井冈山。面对敌人的频繁"围剿"和强大的地方反动武装势力，毛泽东提出了上文的十六字方针为指导的游击作战。敌人要进攻，我们就退守，避免与敌人展开正面交锋。适当示弱，保存实力，才能以少胜多，以弱胜强。

古人有这样一句话，叫"新官上任三把火"，现实生活中，这样的人也大有人在。在官场上和生意场上，官员或者管理者，在上位之后都想要在短时间里展示出自己的能力，从而让下面的人服从自己。这样的人往往锐气太盛，处事的时候不给自己留有余地，办事咄咄逼人，虽然他们有着充足的工作热情和出色的工作能力，但是这种人往往最容易受到伤害，这种急于冒进的做法反而会给他们带来很多困难和挫折。越是在这种时候，我们更应该懂得"示弱"，懂得隐藏自己的才华，等到关键时刻展露才华，才更能得到别人的赞赏。

示弱，并非软弱。示弱者不显山不露水、不惹事不生非，在很多人的眼里，不具备挑战性、威胁性。从这个意义上讲，示弱是韬光养晦、养精蓄锐的好策略。如果说面对压力不低头、不屈服是有个性的话，那么适时适度示弱则是聪明的选择。

示弱，并非懦弱。就像大自然中，很多动植物都有自己的"保护色"，为的是让自己生存下去。很多时候，我们不也就是这样一个"弱者"吗？能够示弱的人，是深谙处世艺术的人。人天生具有同情心，而且天生同情弱者。如果你太过强势，往往就会成为众矢之的。相反，当你表现弱势时，反而能够得到他人的主动相助，从而使自己的生存处境变得更好。如果你在表现弱势的同时还能适当地恭维和抬高对方，则效果会更加显著。总而言之，同情弱者是人们的天性，在人与人的相处中只要打好感情牌，很多沟通的难题就会迎刃而解。

作家李小墨说过："始终要在言语上胜过他人，是我见过情商最低的行为。"之所以会有这样的感慨，就是因为李小墨曾在说话上吃过亏。刚上大学的时候，李小墨被同学拉着去报名了院辩论队的选拔，几场经典的国际大专辩论赛看下来，她迷上了那种唇枪舌剑的感觉。生活里的问题都成了她的辩题，只要被她揪住，一定要辩出个是非对错。跟人交谈，一旦听出对方言语里的漏洞，她就开始质疑、反驳和攻击，直到把对方逼到认输才肯罢休。可是身边的人不但不觉得她厉害，还觉得她很自以为是、偏执狭隘，不但不佩服她，还孤立、远离她。

哲学家拉罗什福科说过："若想树敌，就胜于你的朋友；若想交友，请让朋友胜于你。"语言是用来沟通的工具，不是取胜的武器。

当一个人始终要在言语上胜过别人时，他说话的目的就不再是为了沟通，而是为了战胜别人。毕竟人与人之间相处，求的是舒服，而不是输赢。真正高情商的人，往往懂得示弱，将胜利感留给对方。

"示弱"非"弱"，这不失为人生中的又一种智慧。

◎ 阅读心得

第八章

"物质"沟通，
奥妙无穷

"亲手做的礼物，相当于一次送两份礼，一份是亲手做礼物的诚意，一份则是礼物本身。"

——塔莎·杜朵

中国人讲究礼尚往来,来而不往非礼也。"礼"在中国人的人际交往中有着举足轻重的地位,并且"礼"需要有来有往。"礼"字虽小,却内藏乾坤。读礼,可知传统文化;知礼,可察万事万物;行礼,可致人情练达。而此处的"礼",不仅是精神层面的礼仪、礼节,更可以指物质上的礼物。在中国人的社交生活中,精神上的礼和物质上的礼,都扮演着重要的角色。

"赠人玫瑰,手有余香。"给予才能收获更多。有一句话是这样说的:所谓礼物,比起收到礼物的人,送礼物的人更加幸福。

简单的"物质"沟通,其中充满着无穷的奥妙。

礼尚往来

《礼记·曲礼上》有云:"太上贵德,其次务施报。礼尚往来。往而不来,非礼也;来而不往,亦非礼也。人有礼则安，无礼则危。"这句话的意思是说，礼崇尚有往有来，施惠而他人不来报答，不合乎礼；受惠而不前往报答，也不合乎礼。人人讲礼社会就会安定，人人无礼社会就会危乱。

礼规范并维系着人与人的交往，有来有往才能友谊长存。礼的第一大法则就是对等，即"投之以桃，报之以李"。送出的礼物，需要有及时、充足的回报。否则，来而不往，或有投无报，情谊就断了，朋友也就没有了。行一份礼，就多一份尊敬，多一份情谊。

礼是一种双向性和互动性人际规范，"务施报"是实行礼仪的准则。你对他人施之以礼，对方回报你相应的礼，这样在心理上得到了满足，人与人之间也就能和谐相处。

礼在今天具有三种意思：礼仪、礼貌和礼物。

第一种是礼仪，就是我们生活中常说的仪式，成人礼、婚礼、拜年等都能够为我们的日常生活增添仪式感。注重仪式感，可以让平凡的日子焕发不平凡的光彩。

第二种是礼貌，这是我们每个人在生活中最常用到的。在人际交往的过程中，每一个环节都离不开礼貌，一个友好的握手、一个热情的拥抱、一个善意的眼神，一个会心的微笑都是礼貌。

第三种是礼物，今天的"礼"更加偏向于指实体意义上的"礼物"。礼尚往来指人与人之间通过礼物来建立联系，维持关系。"礼"的根本内涵没有发生改变，仍然是强调双方之间礼物要有来有往，从而建立友好稳定的关系。无论哪一种关系，如亲情、爱情和友情，都需要礼物来维护。

父母对于子女的爱是无私而不求回报的。但一束母亲节时的鲜花，一个父亲节时的按摩，简简单单的礼物能够让父母笑得眯起眼睛、露出牙齿，这就是礼物的力量。

互惠、恩义是人情关系维护的重要原则。要用"礼"来激发互惠的关系，并让关系充满恩义情谊。尤其是在一些特别场合的送礼行为，如在婚丧嫁娶和新年的送礼行为中，我们可以看见人情的具体表现。许多的礼都赶在这个时候送，日本人把这种礼物称为"表达性的礼物"，而不是实用性的礼物，"表达性的礼物"常被用来增强亲情、友情，强化上下级联系纽带以及有义务的感情。

礼物是爱意的自然流露，我们想要收到的不过是所爱之人犹如阳光一样明媚的笑脸；而我们所倾心的人也正为了我们的笑脸准备着一个"惊喜"，所谓双向奔赴的爱情最令人感动。

礼尚往来重在平等，平等代表着尊重，没有尊重的交往是不会长久的。往来的不仅仅是礼物，更是送礼时的态度、沟通时的语言。比如，子女在父母生日时为父母准备礼物，父母应当有积极的回应，并在子女的生日也准备一份独特的礼物，这就是尊重与平等。这种平等互动的物质沟通，才能使得双方的情感连接更加深入。

在我国传统文化中，士绅之间的礼尚往来讲究"对等"，接受了对方的礼物，却不回礼，有贪图对方财物、爱占小便宜的嫌疑。士绅之间送礼与回礼所传达出的平等的价值观在现代社会之中仍然适用。

心理学家乔治·霍曼斯指出，人与人之间的交往本质上是一种社会交换。在这个交换过程中，人们都希望在交往中得到的不少于所付出的。但如果得到的大于付出的，就会令人们的心理失去平衡。所以，人际交往的维系需要"交换"彼此的价值，并且要把握好一个"度"，不能太多，也不能太少，而礼物就是维系关系的媒介。

　　需要注意的是,礼物是维系双方关系的纽带,但若是彼此将物质放在关系的首位,为了利益而交往,得利便散伙,这是有违道德伦理的。而"礼尚往来"正是通过送礼与回礼的方式,减少关系中的功利性。

　　毛泽东和齐白石是湘潭老乡。一位是革命领袖,另一位是水墨大师,经人介绍结成友谊。毛泽东是如何维系和这位大自己30岁的老人之间的友谊的呢?答案就是有来有往的物质沟通。

　　中华人民共和国成立前夕,齐白石精心为毛泽东刻制了一方印章,并委托诗人艾青将其交给毛泽东。毛泽东被这件珍贵的礼物感动了,给了齐白石一笔丰厚的润笔费,并派秘书田家英多次去拜访齐白石。齐白石精心打造了专属的礼物,这也和前面的"礼轻情意重"相契合。而毛泽东也立刻做出回应,并派人经常去探望齐白石,这些在他们关系的维护中是不可或缺的。而他们二人之间的物质沟通,远不止于此。

　　1950年国庆前夕,齐白石又选择了1941年创作的《苍鹰图》、对联"海为龙世界,云是鹤家乡",以及自己一块珍贵的青石砚,作为礼物送给毛泽东。这些礼物表达了齐白石对于新中国成立一周年的欣喜之情。齐白石90岁生日时，毛泽东特意派人送去湖南特产茶油寒菌、湖南纯羊毫书画笔、精装的东北人参和鹿茸，庆祝这位老人的生日。这些礼物，符合二人同为湘潭人的特征，又符合齐白石的年龄和身份，表达了毛泽东的祝贺之情。可以看出，他们二人在特殊的时间段，送上对方需要的礼物，这些物质沟通都具有积极的意义，能够帮助维系二人之间长久的友谊。

礼尚往来，无论是"礼仪""礼貌"还是"礼物"，都需要有"礼意"。只有礼物有"意"，建立的情谊才能够长青，而只有饱含情意的礼物才能够有"情谊之桥""友谊之锁"的效用。"礼尚往来"不只是物质沟通的准则，也是一种传统的道德规范和礼节要求，其所提倡的是：邻里相亲、友人相近、守望相助的社会风气。而平等与尊重是其中的灵魂。

▌礼轻情意重

唐朝时，回纥国派使者缅伯高送奇珍异宝给大唐皇帝。贡品中最为珍贵的白天鹅在上贡途中飞走了，只留下几根羽毛。使者在惶恐中作出一首打油诗，其中有"千里送鹅毛，礼轻情意重"的诗句。见到皇帝后，使者将诗与天鹅毛献上，皇帝被他的诚实和真情感动，亲自设宴款待了他。

千里送鹅毛，礼轻情意重。鹅毛虽小，承千里护送之谊，以"礼"传情，"礼"到则情至。一根小小的鹅毛对于拥有无数奇珍异宝的皇帝来说微不足道，但缅伯高送皇帝的不是鹅毛，而是依附于鹅毛上千里送礼的两国情谊。礼物所具有的传情功能，连皇帝都为之感动。

威廉·莎士比亚曾说："纯朴和忠诚所呈献的礼物，总是可取的。"礼物作为情谊的载体，它的好坏不在于金钱价值的高低。只要送礼者怀着一份真挚的感情献礼，礼物就会是令人感动的。

"礼重"未必"意重"，"礼轻"也并不意味着"情意轻"。美国艺术家塔莎·杜朵在《塔莎奶奶的美好生活》一书中说："亲手做的礼物，相当于一次送两份礼，一份是亲手做礼物的诚意，一份则是礼物本身。"这句话点出了亲手制作礼物的双重情义。

礼物是沟通的桥梁，是情感的见证，是情谊的连接。亲手制作、精心制作的礼物倾注了送礼者的心血，是多方了解的用心，是绞尽脑汁的冥想，也是灵感迸发的创意，更是亲手制作的尊重，更能够让受礼者感受到送礼者的心意。

礼物承载着中国人重"礼"的传统。礼物之所以受到中国人的重视，不是因为其自身的价值，而是这份赠礼的"深情"。

汉字的谐音，在表达礼物特殊意义上有着独特的作用。中国人新婚礼物喜欢送大枣、花生、桂圆、莲子。因为这四种食物的名称，谐音为"早生贵子"。商人为什么青睐玉石雕琢的翡翠白菜？因为白菜谐音"百财"，有招财的含义。

可见无论是廉价的食物，还是贵重的翡翠，都能传递美好的祝愿。礼物虽然不会说话，但是通过谐音，或特定场景的配合，也能传达独特的意义，给人积极的鼓舞。一份具有特殊含义的，能解人心结，且富有积极意义的礼物，最为上乘。要送出这样一份礼物，就需要我们在送礼前了解受礼人以及送礼的情景。

汪国真说过："最好的礼物不一定是最贵重的，而是别人急需却又一时无法获得的。"送礼也要看对方的需求，再贵重的礼物，不被对方喜欢，其意义也会打折扣。送礼就要送对方求之不得的东西。锦上添花固然很好，雪中送炭更是"及时雨"。送他人急需的东西，可解对方的燃眉之急，对他人来说更有意义。送礼前要运筹帷幄，充分了解受礼人，明确对方的需求再送出对方需要的物品，可达到事半功倍的效果。

一束花、一首诗、一张贺卡，虽然不是贵重的礼物，但都是无声表达自己的爱，具有"所爱隔山海，山海皆可平"的力量。

礼轻情意重。一份合适的礼物，无需多言，意味深长。一份心仪的礼物，像音乐，环绕在心弦上；如春风，温暖着心田；似清泉，流淌在记忆中。礼物作为情谊的纽带，要用心准备，用爱送出。

▌体面、场面和情面

俗话说："人生要'吃'好'三碗面'——体面、场面和情面。"体面是做人有尺度，有礼有节，不失身份；场面是做事有分寸，简奢皆宜，不事张扬；情面是待人有真心，真诚相处，广交贤良。

体面有四个层面。第一层面是在穿着上，大方得体；第二层面是在职业上，正当规范；第三层面是在生活上，健康幸福；第四层面是在身份上，尊重平等。

一个人的衣着举止是自己的名片，是个人身份的物质化彰显。在见到一个人时，是什么最先进入我们的大脑？是他的外貌、穿着和行为举止。

有心理学家做过这样一个试验，让四位志愿者乔装打扮，在公路边搭顺风车。他们四位分别打扮成一位打扮入时、妆容得体的漂亮女郎，一位手持文件夹、戴着金丝眼镜的青年学者，一位留着怪异头发、穿着邋遢的男青年，以及一位挎着菜篮子、脸色憔悴的中年妇女。实验结果显示：搭车的成功率从高到低依次是漂亮女郎、青年学者、中年妇女、邋遢男青年。

这说明一个人的相貌妆容与他的社交效果有着十分密切的关系，外貌穿着给其他人分析评价其身份地位提供了第一手资料。

在物质沟通中，送什么样的礼物很重要，而送礼人的穿着、言行作为自身的代表，也发挥着名片的作用。在交往中，要注意自身仪容仪表，保持仪容仪表的美观、整洁、得体，是送礼人真诚的外在体现。

什么是场面？场面就是排场，是实力的象征。在商业谈判中只有地位和实力对等，双方才有谈判的机会。适当地讲场面是非常必要的，但一旦过度追求场面就成了虚荣的表现。"适度"二字是场面的精髓。

电影《一代宗师》里有一句台词："人活在世上，有的活成了面子，有的活成了里子。而只有里子，才能赢得真正的面子。"场面固然重要，但是其中的文化和情感，才是场面的"里子"。

曾国藩任两江总督时，曾将家中的父母接至身边赡养。举家出行时，上百人护送，场面极其壮观，但曾国藩认为护送的人太多，于是辞退了一些。不仅如此，他特意写了一封家书告诫弟弟，认为家中富贵之气不可太重。等他赋闲在家时，弟弟们为他举办隆重的酒席贺寿，谁料曾国藩不喜欢这样的场面，干脆躲到了乡下。他告诫子女："凡世家子弟衣食起居，无一不与寒士相同，则庶可以成大器，若沾染富贵气习，则难望有成。"曾国藩的勤俭节约受到后人的称赞，而他将勤俭的"里子"置于铺张的"场面"之上，值得我们借鉴。

场面，与所处的情境和社会规范相关。吃好场面这碗"面"，才能游刃有余地行走于社会交往过程中。

情面，就是人与人之间的交情。

"钱财用得完，交情吃不光。"沟通需要顾情面，是因为照顾情面才能使人亲近。有这么一句话："世上本无圣诞老人，所有礼物和惊喜都来自爱你的人。"这个世界上最有价值的东西往往是无法用钱来衡量的，能用钱来衡量的东西，恰恰不是这个世界上最昂贵的东西。情谊以及送礼物的那个人，永远比礼物本身更加珍贵。

"吃"好"情面"不是那么容易的。情面这碗面之所以难吃到，是因为需要有大情大义，而非小赢小利。人与人之间的沟通，除了是信息的传递，也是感情的投资，能缩短人与人之间的感情距离。人们需要通过交流，达成共识，结成友谊。

珠宝巨头戴比尔斯公司曾提出"钻石恒久远，一颗永流传"的广告语，用永恒的钻石表达不变的爱，这种消费观念将人情的因素考虑进来，让钻石成为爱情的象征。当人们购买钻石，把钻石送给自己伴侣时，他们想要表达的是爱情如钻石般恒定。钻石既是一场婚庆仪式撑"场面"的重要道具，又是顾"情面"的象征。

体面"吃"好了是大方得体，"吃"坏了是故作姿态；场面"吃"好了是实力雄厚，"吃"坏了是爱慕虚荣；情面"吃"好了是广交志士，"吃"坏了是走投无路。"做人有尺，做事有度"是"吃"好这"三碗面"的关键。

▌受礼是承情，敬神是恭敬

"受礼是承情，敬神是恭敬。"这句话揭示了受礼者应当有的谦逊态度。

20世纪80年代初，启功先生因公事访问港澳地区，受邀来到香港工商界一位富豪的家中。初次见面要派利是，因此富商一见到启功先生便奉上红包。先生颔首，盈盈一笑用双手接过红包，连连道谢。香港人家照例都有佛龛，访问结束后，启功先生来到佛龛前，鞠躬几拜，口中称"吉祥如意"，而后将红包献于佛前。回去的路上他和同行说："受礼是承情，敬神是恭敬。"启功先生收下红包是对传统的尊重，也是对他人好意的领会，而献于佛前是对神佛的恭敬，也是对自尊的维护。游刃有余地游走在人情和自爱之间是"人情练达"，也是"做人有尺，做事有度"。

　　过犹不及，物质沟通有法而无定法，都在一个"度"。率性而为不可取，急于求成事不成，过于追求物质沟通的回报速度可能会导致相反的结果；"谦固美名，过谦者，宜防其诈"，送礼时谦虚是一种美德，但过分谦虚会给人一种不真诚的感觉；"默为懿行，过默者，宜防其奸"，沉默有时是一种好的行为，但是过于沉默会令他人怀疑你的用心。那么怎样把握好"度"呢？答案是："过分之事，虽有利而不为；分内之事，虽无利而为之。"是为"度"。

　　"礼"受与不受？"情"承与不承？送礼从来都不是单方面的。孟子曾说："爱人者，人恒爱之；敬人者，人恒敬之。"只有尊敬别人的人，才有权受人尊敬，送礼也是这样。送礼者怀着一份真心送出礼物，受礼者才会尊重送礼者，怀着一份感激之心。

　　江苏省淮安市周恩来故居中陈列着1961年1月16日，周总理指示办公室同志写给淮安县委的一封信：

　　　　你县送给周总理和邓大姐的藕粉、莲子、微子、工艺品以及针织品都已经收到了。你们对周总理的热爱和关怀他们是知道的,但是周总理和邓大姐认为,在中央三令五申不准送礼的情况下,你们这样做是不对的。现在总理和邓大姐从他们的薪金中拿出一百元寄给你们,作为偿付藕粉、莲子、徽子和工艺品的收款,其他的一些针织品等以后有便人带给你们。总理并指示,将中央关于不准请客送礼的通知寄给你们一份,请仔细研究,并望严格执行。

　　这封短短的信件,将周恩来和邓颖超为官清廉的形象跃然纸上。更重要的是,信件中所体现出的周总理的"拒礼艺术"值得我们细细品味。信件中先是对淮安县委和人民对于周总理和邓大姐的关心和热爱表示理解,是为"承情";而后委婉地表明态度,指出要遵守党规党纪,要认真处理和思考此事。对礼品的处理更是考虑周到:首先根据礼品的特质进行区别,将容易腐坏变质的食物和在运输中容易损坏的工艺品留下,避免浪费之嫌,而将容易保存不易损坏的针织品原封不动地退回;其次是从自己的工资中拿出100元,寄给淮安县委,用来偿付礼物。而这笔钱远远超过了这些物品的价钱。无独有偶，周总理曾经的老警卫给他捎来了一筐新鲜的橘子。他让秘书了解到这筐橘子大约值当时的25元后，马上给对方寄去了50元。身边的工作人员表示不解，周总理说："多余的钱让他处理，不这样做，就制止不了他，这样以后他就不再送了。"

周总理处理收礼问题十分周到，把握了"受与不受"的分寸，在承情的同时，用巧妙的方式既"不受礼"又保证物尽其用。而对于老警卫的做法更是照顾了双方之间的情谊，又巧妙地杜绝了后续的礼物，最为高明的"受礼而有度"也不过如此了。

禅宗讲最好的境界是"花未全开，月未全圆。"花盛放时意味着凋谢，月满圆时暗含着亏损。待人与接物之道亦如此，过犹不及，要讲究中庸之道。

人与人都是相互的，想让别人怎样对你，就得先怎样对他。当送礼者送出一份礼物时，学会给人长脸，不要让别人感觉掉价；跟送礼者说话时，一定要认真听并积极回应，否则会伤人自尊；对于别人的礼物，可以不喜欢，但要尊重。

英国作家、哲学家托马斯·布朗曾说："聪明的爱人珍惜的是爱人的爱，而不是爱人的礼物。"如果在一段感情中，有一方总是计较自身利益的得失，那这段关系就必然是短期的功利性关系，很难形成长期的情感性关系。送礼物的人用真心送出，收礼物的人用真情接受，好好珍惜这份心意，如此，礼物的深意才能被成功传达。

世事洞明皆学问，人情练达即文章

著名主持人窦文涛曾说："在这个江湖里头混吧，你总得通晓人情世故，什么话能说，什么话不能说，什么话得这么说，什么话得那么说。不通人情世故，恐怕活下去都有困难。"从某种程度上说，是否懂得人情世故，决定了一个人一生的命运。

世界上有两种书，一种是"有字之书"，即狭义上我们平时阅读的书，另一种是"无字之书"，是社会这个大熔炉教会我们的。真正的知识和修养是将这两种书融会贯通，应用自如。对于致力于学习的人，书里书外都是知识。要学习人情世故这种学问，更多地要从社会的"无字之书"上去学习。

物质沟通，需要"洞明"。洞明对方的身份，洞明对方的心意，洞明对方的爱好。只有"运筹于帷幄之中"才能"决胜于千里之外"。送礼时明确对方的地位，采取适当的送礼方式，不仅能够使得礼物顺利送达，还能够更好地沟通情谊。

1949年，中央五大书记之一的任弼时因劳累过度病倒，需要住院治疗休养。毛泽东为了表达对任弼时的关切之情，专门派人前去探望，并致函慰问："送上红鱼一群，以供观览。敬祝健康！"

送礼物有时可以独出心裁。毛泽东虽然自身公务繁忙，但是依然记挂着革命挚友的身体。选择送上一群鲜活的红鱼，一来可以供住院时观赏，二来又可以表达祝福之情。送礼时，他虽然无法亲自到场，但是派人送上一句话，起到了通过礼物进行间接沟通的作用。

"人无礼则不生，事无礼则不成，国无礼则不宁。"物质沟通，不仅存在于人与人的沟通之中，也存在国与国的外交当中。

傅莹曾任中国外交部副部长，从事外交工作数十年，在她的《大使衣橱：外交礼仪之旅》一书中，有这样一段话："在外交场合，即便是一个简餐，餐桌礼仪也是不能忽略的。人的肢体语言会传递出各种信息,例如,双手交叉抱胸会给人以距离感,眼睛不肯直视对方会让人觉得有所隐瞒,手上小动作多会显得焦虑。"外交无小事,细节很重要。外交官的个人仪态、穿着、语言等都代表着国家的形象。傅莹总结的她数十年的外交经验,也无非是一种"礼仪"。

有礼才有理,有理方有力。外交大使注重礼仪、在外交沟通中通晓人情,有利于建立国与国之间良好的关系。

用好"礼物",企业管理也能更好地进行"内外"沟通,建立与员工和消费者的良好关系。

马云曾给阿里巴巴的每位员工送过一瓶"会说话的红酒",作为阿里巴巴成立20周年的礼物。这瓶红酒采用独特的包装,使用手机支付宝扫描瓶身二维码,并将手机放到红酒盒的另一边,瓶身上就会出现一段投影视频。视频中,马云亲自登场,寄语员工:"阿里巴巴20周年,我送每人一瓶酒。我在学习酿酒的过程中,悟出了一个道理:工作是水,生活是酒。水会决定酒的品质,但生活,要过得像酒一样,不能像水一样,没有味道。祝愿大家,认真生活、快乐工作,把幸福握在手中。"

这瓶会说话的红酒，在全网刷屏。一方面是"会说话的红酒"礼物包装工艺独特，和其他公司的员工礼物形成区别；另一方面是礼物寄语的内容深刻，具有积极的意义，"工作是水，生活是酒"简短的几个字蕴藏了深刻的人生哲学。这样的礼物，怎么能不受到员工的喜爱呢？

物质沟通不仅能拉近公司和员工的距离，也能拉近品牌和消费者之间的距离。自2021年起，每年春节，支付宝集五福新增"写福字"，每天限量给用户手写福字，并免费打印、包邮到家。支付宝在春节这一时期选择实体的"福"字作为礼物送给消费者，与消费者进行互动，让品牌更有人情味。

南怀瑾先生曾说："人情世故不是简单的圆滑处世，不是假意的虚伪逢迎，不是单纯的屈服于现实，而是真正懂得生活的意义。"南怀瑾的这句话说明了"人情"真正的含义，它不是阿谀奉承、曲意逢迎。

人情与世故，最难处理的是分寸。自尊与自爱是从随和与通达中显露的。但是在现实生活中，总有人将人情世故等同于"拍马屁"。这是因为他们没有真正理解人情。物质沟通的人情世故，本意主要在于传递自己的心意、向他人表达祝福、使他人获得好心情。

往而不来，非礼也；来而不往，亦非礼也。现实生活中，只有真正弄懂了礼尚往来，平易近人，才算得上通达人情。

谦虚是中国人的传统美德，在我国的习俗中，送礼时谦和而得体的语言会营造一种祥和的气氛，无形中加深相互间的友谊。礼仪是礼与仪的结合，送礼时讲究态度、动作和语言的运用。平和友善、落落大方的动作并伴有礼节性的语言表达，才是受礼方乐于接受的。

世事洞明皆学问，人情练达即文章。为人处世，无论家事、国事、天下事，在沟通时先要知晓对方的身份、了解对方的喜好、探查对方的性格，才能在交往中用恰当的"礼"，在物质沟通中如鱼得水，达到"练达"的境界。

◎ **阅读心得**

_____

_____

_____

_____

_____

_____

_____

_____

_____

_____

_____

_____

_____

CHAPTER 9 第九章

从有效沟通
到卓越团队

"未来竞争是管理的竞争，竞争
的焦点在于每个社会组织成员之间及
外部组织的有效沟通上。"

—— 约翰·奈斯比特

　　戴尔·卡耐基说："一个人的成功，15%取决于知识和技术，85%取决于沟通——发表自己意见的能力和激发他人热忱的能力。"如果将企业比喻成一个有机生命体，那么沟通就是这个生命体的血液，贯穿于这个生命体的每一个器官、每一个细胞。

　　2013年，一项在全球范围内开展的针对跨国公司的关于沟通方面的调查研究显示，目前75%以上的跨国企业已经意识到沟通在组织管理中的重要性。这些数据充分说明，有效地进行沟通有助于企业整体效率与管理水平的提升，特别是随着现代组织管理系统日趋复杂，员工个体需求多样化、利益诉求多元化、企业内部矛盾冲突复杂化等特征日益突出，如何有效沟通已成为提高企业整体竞争力必须解决的问题。

　　沟通，让我们获取信息，提升效率；沟通，让我们消除误解，建立信任；沟通，让我们目标统一，取得成功。没有有效的沟通，一切团队无从建立，一切管理无从谈起。

　　有效沟通是团队成就卓越的核心纽带与必要条件。

成就源于团队

凡创造伟大成就的公司背后都有着一支卓越的团队。通用电气前CEO杰克·韦尔奇有句关于卓越团队的名言："你可以拿走我的企业，但不能拿走我的团队，只要我的团队在，我就能再创立一家更加辉煌的企业。"

伟大的成就从来都不是依靠某一个人的行动完成的。透过表象去探究本质，就会发现，所有看似单打独斗的行动实际上都是团队努力的结果。哪怕伟大如爱因斯坦，他也曾这样评价对于他人在研究中给予自己的帮助："每天，我都能几次三番地意识到，我的物质生活与精神生活均建立在别人的劳动之上。他们有的已经逝去，有的尚在人世。我意识到，我必须竭尽全力才能给予程度相当的回报，以此回馈我所得到的一切。"

著名领导力培训专家约翰·C.马克斯维尔认为，尽管人们崇拜个人成就，但很难从人类历史中找到哪怕一件仅凭一己之力完成的具有划时代意义的事情。不管你想到了谁，你都会发现他的背后站着一个团队。因此，美国前总统林登·约翰逊才会说："没有集体智慧无法解决的问题，却鲜有仅凭个人力量就能处理的难题。"

团队是团结的结晶，是力量的凝聚，是一群平凡的人一起做非凡的事。华为的成就源于团队。"我们从小作坊里的兄弟姐妹，成长为全球领先的卓越团队……华为唯一可以依存的是人。当然是指奋斗的、无私的、自律的、有技能的人。"这是任正非在《华为的红旗到底能打多久》一文中的讲话，这篇讲话指出了华为成功的原因，也是华为团队卓越之所在。

华为拥有一支充满着激情与活力的、充满着创新精神与开拓意识的、拥有着强大凝聚力及战斗力的卓越团队。他们从"乌卡时代"走过来，历经风雨，依靠着"团队中没有什么成功与失败之分，只有愿意去做，能不能够把事情做到最好"的团队精神，在激烈的国际竞争中走出了具有华为特色的发展之路。

现代管理学奠基人彼得·德鲁克说："好的管理是将个人凝聚成团队。"一个人总会有自己的不足和缺点，想要实现个人价值的最大化，只有融入团队。团队的荣誉与每个人息息相关，个人与团队是荣辱与共的。正如篮球运动员迈克尔·乔丹曾经说过的那样："一个伟大的球星产生于一个优秀的球队，而一个优秀的球队，也是造就伟大球星的摇篮。"

　　成功靠朋友，成长靠对手，成就靠团队。一滴水很快挥发，汇入大海就成波涛澎湃；一个人势单力薄，融入团队才能立于不败。个人英雄、独唱主角只存在于电影之中，仅靠个人的能力在现实中显然是难以生存的，唯有依靠团队的智慧和力量，发扬集体主义，才能获得长远的竞争优势和发展潜力。

▌沟通塑造团队之魂

　　沟通乃团队之魂。

　　个人身在团队之中，良好的沟通能力必不可少，我们需要通过沟通，来获得机会和应得利益，与团队成员交流情感，获取他人的认同，发挥影响力。成员间的沟通是保持团队旺盛生命力的必要条件，良好的沟通能力则是个人在团队中获得成功的最基本要求。

　　一个团队之所以表现出色，通常是因为能实现良好、持续的沟通，而当一个团队表现不佳时，问题往往也出在沟通上。

足球教练古斯·希丁克在执教韩国队期间，发现韩国队年轻队员不敢和前辈辩解、遇到问题不敢越级沟通。针对这一状况，希丁克提出了一系列要求：不许球员间再使用"大哥"这样的称呼，也不许使用任何尊称；年轻球员不论在战术训练还是在比赛中，都要经常开口和前辈说话；吃饭时，要前后辈穿插坐在一起，随意地交谈……通过一系列的"沟通训练"，希丁克顺利地把球员与球员之间、球员与教练组之间的自上而下的"垂直式沟通""金字塔式沟通"，灵活转化为双向的"水平式沟通""矩阵式沟通"。

当顺畅的双向沟通成为一种习惯后，训练场上的气氛马上活跃起来，韩国队也在2002年世界杯中成功晋级四强。韩国队的成功，得益于团队沟通方式的改变，得益于沟通带来的鼓励、自信、了解、融合与协作。

进行团队沟通可以融洽关系、促进和谐。及时沟通和反馈信息，能够消除误会、增进了解、融洽关系，提高团队士气，激发协作精神。

进行团队沟通可以凝聚智慧、提升绩效。一个团队的绩效和其沟通力密切相关。沟通力是使整个团队前进的一股特殊力量，它能将个人的智慧和力量融合在一起，形成合力，完成那些仅凭个人力量无法完成的伟大事业。

　　未经修整的花朵杂乱无章地摆放在一起，毫无美感；但如果进行修剪，它们就会变成一束美丽的鲜花。同样，未经磨合的团队成员之间因为动机、目标不同，势必会产生冲突，但如果学会沟通，彼此之间就会变得易于合作，形成一股强大的合力。如果说纪律是维护团队的硬性手段，那么沟通则是维护团队的软性措施，它是团队的无形纽带和黏合剂。

　　《圣经·旧约》中记载着一个著名故事。人类的祖先在底格里斯河和幼发拉底河之间发现了一块肥沃的土地，并决定在此修筑一座通天的巴别塔，以传颂人类的赫赫威名。

　　因为语言相通，沟通顺畅，大家齐心协力，巴别塔修建得非常顺利，很快就高耸入云。然而，人类修建巴别塔，企图与天比肩的行为触怒了上帝。人类的团结，连通天高塔都能修建，以后还有什么做不到？于是，上帝扰乱了人类的语言系统，使人们无法互相交流，思想很难统一，彼此之间开始猜疑，各执己见争吵不断，合作无法进行，修建工程止步不前。最终人们难以沟通，高塔半途而废，梦想也化为泡影。

　　这虽是一则带有神话色彩的故事，但背后的道理却是真切的——沟通本质上是情绪和思想的交流，通过这些交流，赋予我们团结统一的强大力量。

　　通过沟通，团队可以统一思想、达成共识。一个好的团队绝不仅仅是一群人的简单组合，形合心散、貌合神离，最终会如"油"和"水"一样，装进了同一容器却"泾渭分明"，无法产生"化学反应"。只有沟通才能将团队中所有人的思想统一为团队的意志，才能实现团队的共同目标。

　　在一个团队中，沟通的重要性无可替代。沟通是一项工程，它在人们的心与心之间填平沟壑、铺路架桥；沟通是一种工具，它可以扫平人与人之间的障碍，是打开人们心灵之锁的钥匙。

　　良好的团队沟通方法应包括以下几点：

　　一、储备知识。全方位了解和熟悉团队沟通的概念、意义及准则，这是团队沟通入门的前提。

　　二、提升能力。团队沟通离不开听、说、读、问、写等基本技能，离不开基本的情绪控制和自我认知能力。只有掌握了这些基础技能，我们才有进阶的资本。

三、反复演练。只有平时留心观察成功人士的沟通之道，及时向他人请教，在前人总结的基础上实践沟通的范式、技巧，进行反复演练，练就一两招"绝技"，才能真正提升沟通实战能力。

唯有沟通能够塑造团队之魂，让团队成员彼此合作和共赢，从而形成一张图、凝成一颗心、打赢一场仗。比尔·盖茨曾经说过："在社会上做事情，如果只是单枪匹马地战斗，不靠集体或团队的力量，是不可能获得真正的成功的。这毕竟是一个竞争的时代，如果我们懂得用团队的能力和知识的汇合来面对每一项工作，我们将无往而不胜。"

沟通锻造团队领导力

领导力是通过沟通来实现的。从某方面来说，团队是否优秀，与领导者的沟通能力是否出色存在着莫大的关系。糟糕的沟通方式犹如罗盘失效的航船，偏离既定方向，永远也无法顺利到达目的地；优秀的沟通方式则像迷途中的灯塔，为团队指引前进的方向。

美国现代派作家约翰·加德纳曾说过："如果一定要我说出一项万能的领导力工具，那一定就是沟通。"锻炼领导力就像建设一座摩天大楼，从地基到楼顶要一步一步打好基础，有了基础大楼才会更加稳固；而有效沟通则是领导力这座摩天大楼的第一步，也是最重要的工作。

沟通力是领导力的重要方面。美国管理学家切斯特·巴纳德讲过，"管理者的最基本功能是发展与维系一个畅通的沟通管道。"一名领导者，即使本事再大，也不可能包打天下，必须善于把各方面力量团结凝聚起来，朝着正确的方向努力。只有具备较强的沟通能力，才能更好地拉近人与人之间的情感距离、消除隔阂和误解、达成共识和理解，从而赢得信任和支持，形成推进工作的合力，也才能实施有效的领导。所以，高明的领导者无一不是沟通的高手。

史蒂夫·乔布斯曾用一句话挖走了世界500强百事可乐的总裁约翰·斯卡利，这是流传在苹果公司著名的"糖水故事"，也是乔布斯强大领导力与沟通力的体现。

1980年的苹果公司还是一个名不见经传的小公司，急缺一个有丰富管理工作经验的执行总裁，带领公司取得更大的成就。经过几番筛选，乔布斯看中了当时在百事可乐任总裁的斯卡利。因为斯卡利凭借着强大的市场拓展能力，在可乐大战中，带领百事可乐超越可口可乐，成为全美最大的包装食品公司，从此功成名就。

彼时的斯卡利拿着1000万美元的年薪，在百事可乐的大办公室，住着半山豪宅，乔布斯发出的邀约对他吸引力不大，他完全没必要放弃优渥的生活，去一个未必能够取得成功的高科技企业冒险。

在被斯卡利多次婉拒后，乔布斯找到斯卡利，抛出了一句简短的话，也就是这句话开启了苹果的未来："你是想卖一辈子糖水，还是和我一起改变世界？"这句话彻底击中了斯卡利的内心，让斯卡利最终放弃自己在百事可乐志得意满的工作，于1983年4月加入苹果公司。在1983—1994年任职期间，约翰·斯卡利充分发挥了其天才的销售能力，带领苹果公司从8亿美元的销售额发展到了后来的80亿美元，实现了9倍的增长。

身为丰田公司第一位家族外成员的奥田广弘总裁，在其领导生涯中，有将近三分之一的时间在企业基层中度过。他经常和公司的技术团队聊天，不仅聊最近工作上的困难，还聊生活上的困难，积极听取大家的意见，由此赢得了公司内部许多人士的爱戴。

日本松下集团创始人松下幸之助注重表扬员工，只要发现工作效率高、表现好的员工，他会立即在团队中进行口头表扬，即使自己不在现场，也会亲自打电话表扬下属。

戴尔·卡耐基说："那些能在此（工程）行业取得高薪的人，通常并不是那些最懂得工程的人。一般具有专业能力者，如工程、会计、建筑等专才，只能得到一般普通的薪水，但是假如你除了专业之外，再加上能表达意见、发挥领导能力、激发别人的热忱等，那成功就更容易了。"

美国石油大王约翰·洛克菲勒曾在事业巅峰时期断言："假如人际沟通能力也是同糖或咖啡一样的商品的话，我愿意付出比太阳底下任何东西都珍贵的价格来购买这种能力。"

领导力的强大离不开有效沟通，而有效沟通也是加强领导力的最佳方式。领导者创业，既需要向上级请示汇报，又需要向同级寻求帮助，还需要向外界宣传推介，甚至需要对抗博弈，分歧和矛盾在所难免，但事事均有"谈"的可能和余地，能否从中协调斡旋，考验的就是领导者的沟通力。

爱因斯坦曾说："人们把我的成功归因于天才，其实我的天才只是刻苦罢了。"世上哪里有什么天才，每个人的成长成才无一不是努力的结果。出色的沟通力也一样，必然只能在后天与人的沟通交流中习得。以下这些普遍的沟通要点，是团队领导者所应该抓住的：

一、重平等，少优越。领导者必须清楚，成功的团队沟通应该是平等的，要对团队成员有基本的尊敬和信任，即使他们各自在素养、能力、身份上有差别，但这些差别不应成为有益沟通的阻碍。

二、重开放，少拒绝。有些领导者在沟通中经常表现得自己全知全能，他们会说："你不用说太多，我心里自然清楚。"这样的话语似乎很能树立领导者的权威感，但实际上，这样的沟通态度导致很多信息、看法、建议和观点都从交流中流失，对于团队的长期建设而言百害而无一益。真正开放的沟通态度，能够帮助领导者去接受好的想法和科学的建议，用包容的态度来进行讨论，使用"你觉得问题应该怎样解决？""你的建议很有启发性"之类的话术，鼓励团队成员进一步打开思路和言路，从而助力团队领导者进行正确决策。

三、重感情，少冷漠。戴尔·卡耐基曾说："将自己的热忱与经验融入谈话中，是打动人的速简方法，也是必然条件。"沟通是情感的桥梁，情感是沟通的纽带，有效的沟通既是信息的传递，也是感情的互动。因此，领导者要善于换位思考，多想他人之想，多顾他人之急，多容他人之难，推心置腹，真诚坦荡，以真心换真心。唯有如此，团队成员之间才能更好地敞开心扉，增进理解，达成共识。

领导者的沟通力并不是与生俱来的，而是练出来的，是试出来的，是总结出来的。只有勤学苦练、认真准备、大胆试错，沟通力才能不断提高。领导者要注意学习积累沟通的技巧和方法，力求用最短的时间，达到最佳的沟通效果，让自己的思想、观点能够影响人、鼓舞人、触动人。

有效沟通是卓越团队的第一生产力

有效的沟通是团队成就卓越的必要条件，也是团队保持活力的必要条件。

一个追求卓越的团队，首先是一个有效沟通的团队。有效沟通是保持团队活力、增强团队凝聚力，甚至是保持团队正常运转所必需的。成员之间拒绝沟通、一潭死水的团队，不是一个好的团队；一个沟通成本很高、将大量宝贵的精力花费在无谓争论上面的团队，不是一个优秀的团队。

卓越团队有五大关键词：一是角色明确，团队成员在团队内相互配合；二是团队相互配合，团队成员了解相互的边界，部门之间没有灰色地段；三是注重结果，拥有清晰明确的共同目标；四是共同担责，团队不仅向上级负责，团队成员之间，尤其是各部门的团队之间也要彼此担责；五是结果可以被评估，结果一定要能科学地被评估，奖优罚劣。要达成这五大维度，最关键的基础便是做到有效的沟通。

有效的沟通，是让全员达成共识、统一思想的有力武器，是提高效率、消除隔阂的必备技能，是促进目标达成、增强团队凝聚力的有益法宝。正如未来学家约翰·奈斯比特指出的那样——未来的竞争将是管理的竞争，竞争的焦点在于每个社会组织内部成员之间及其与外部组织的有效沟通上。

有效沟通，源于精准表达。在团队沟通中，我们必须要将自己的思想清晰、准确地表达出来，让听众容易理解，切忌想到什么就说什么。

有效沟通，源于认真倾听。信息接收者要"会倾听"，能言善辩不如洗耳恭听，在他人表达观点时，要克制自己的表达欲望，注意倾听，尽可能了解他人的观点和想法。

有效沟通，源于正确理解。当我们听到并记下他人观点时，并不代表我们认同或理解了这个观点，所以一定要在他人讲完后当即提出疑问并讨论，达成一致意见，确保结论的正确性。

有效沟通，源于相互认同。三观不同，后患无穷。只有当团队成员拥有共同的核心价值观、共同的发展理念，才会心往一处想，力往一处使，才能让团队勇往直前。

有效沟通，源于立即行动。在对话结束后，我们需要马上付诸行动，在这个过程中，切忌闭门造车，要经常与团队成员沟通并及时向团队负责人反馈工作进展，避免无用功。

管理学上有一个著名的"沟通漏斗"理论：一个人心里想的100%的东西，在众人面前、在开会的场合用语言表达时，会漏掉20%。而当剩下的这80%进入别人的耳朵时，由于文化水平、知识背景等关系，又只余下了60%。实际上，真正被别人理解、消化的东西大概只有40%。等到这些人遵照这40%展开具体行动时，已经只剩下20%了。

一个团队要共同完成一项任务，必须要配合默契。一个企业要发展壮大，员工之间必须达成有效的合作。合作的默契源于沟通，合作是对沟通的升华。在工作中尽可能较少沟通漏斗，才能达到更好的理解，才能更出色地完成工作。

彼得·德鲁克在著作《卓有成效的管理者》中写道："如果你想让团队在工作中取得卓越成就的话，你就必须让团队成员之间进行有效的沟通。"这也就是"有效沟通是卓越团队的第一生产力"的含义。

以笔者经营的中天华南建设投资集团为例，中天华南集团能从当初1000万元的规模发展到如今年超200亿元，最核心的便是拥有一支卓越的团队，而这只团队正是基于"公平、公正、公开、透明"原则所营造的有效沟通环境中锻炼出来的。

中天华南集团承建的广州长隆酒店是中国大陆客房

房间数最多、面积最大的生态主题酒店，是2010年亚运会指定接待酒店之一，现已成为粤港澳地区一张流光溢彩的城市名片。整个广州长隆酒店二期扩建工程总建筑面积超20万平方米，建造工期14个月，具有体量大、工期紧、结构复杂、系统繁多、装修及设备档次高、技术难度大、设计变更频繁、施工队伍多及协调工作难度大等特点。尽管集团在开工初期做好了各种应对困难的准备，但是在工程进度上还是遇到了前所未有的困难——100万方土方工程的清理可能会拖延工期50天，几乎要被甲方清退出场。

在这样严峻的情况下，中天华南集团创新性地提出了成立专门的项目管理公司来实施广州长隆酒店项目的管理构想，从工程处、生产处及其他项目抽调了8位骨干组建成立了长隆项目管理公司。在这种新的项目管理模式下，中天华南集团团队成员之间打破了沟通壁垒，上下齐心协力，让广州长隆酒店项目的各项工作迅速步入正轨。

在团队成员间有效的沟通下，广州长隆酒店项目在项目进度、安全、质量等方面得到了极大提升，最终在规定工期内顺利完工。后来，广州长隆酒店在评选中国建筑业最高荣誉——中国建设工程鲁班奖时，获得了鲁班奖评审组"精益求精，无可挑剔"的极高评价。这是"有效沟通是卓越团队第一生产力"的极佳案例。

马云认为："不管什么时候，团队内部的顺畅沟通都是最为重要的，如同人体的血管组织，只有血流通畅无阻，营养方可四通八达，满足每一个细胞所需，传达大脑的每一道命令。"

2015 年，马云在与员工沟通未来战略时，向员工发出公开邮件，坦言道："阿里从来不是一家追求热点的公司，成立15年来，我们放弃了短信、门户、游戏……一心一意专注于电子商务。"他也进一步指出，正是这种坚持和努力，才得以让电子商务成为当下大家追逐的热门对象，这是成功企业重视有效沟通的典型。

中国女排在排球比赛中，相互之间会运用特殊的符号、特殊的手势、大声的呐喊来相互沟通，相互鼓励，相互合作。正是这种有效的沟通才让合作如此卓有成效，才会创造中国女排"五连冠"的辉煌战绩。

美国思科公司中国区总裁杜家滨说："我的日常工作中有一大部分时间用于沟通，用于把各种信息加减乘除，沟通是一切的基础。"可见，有效的沟通是团队成就卓越的关键。

有效沟通不止于团队内部，组织外部的有效沟通同样重要。在2013年，中国地产行业龙头万科集团要在集团内全面推行日式装配式交叉施工，并首选中天华南集团承建的广州萝岗万科东荟城项目。为更好地学习日式装配式交叉施工的先进管理经验，中天华南集团前后组织了12次日本游学活动，派遣项目核心管理人员赴日本学习优秀经验，并在回国后开展学习交流总结复盘会。最终，广州萝岗万科东荟城项目成为了全国首个全面推行日式装配式交叉施工的住宅项目。中天华南集团与日本建筑公司这一外部组织的有效沟通，是项目成功的重要保障。

从小的方面讲，有效沟通是卓越团队管理的基础；从大的方面讲，有效沟通是企业、组织成为卓越团队的必备条件。卓越团队如果一定要有一个核心，那必然是有效沟通。

在百年未有之大变局下，企业的内外部环境正在发生巨大的变化，企业要想成功转型升级、实现跨越式发展，必须打造一支高效、高执行力的卓越团队。卓越团队是企业高质量发展的重要基础，卓越团队的打造需要通过有效的沟通来提高团队成员间的了解和互信程度，从而凝聚团队成员之间的思想共识，协调和解决团队内部成员之间出现的矛盾与问题。

如果说有效沟通是卓越团队建设的重要法宝，那么卓越团队则是企业高质量发展的重要基础，两者相辅相成，缺一不可。从有效沟通到高效沟通，从优秀的团队到卓越的团队，一个企业才能基业长青，才能行稳致远。

◎　**阅读心得**

结　语
读书有讲究，写书不将就

人为什么要读书？因为脚步丈量不到的地方，文字可以。

文字可以丈量世界，可以丈量一切。

明代薛瑄的《读书录》中有一句关于读书的经典名句："万金之富，不以易吾一日读书之乐也。"这其中道出了读书的高雅和高贵。莎士比亚说："书籍是全世界的营养品"。读书的意义是使人虚心通达，不固执不偏执。书里蕴藏着的是智慧，这要比金钱或钻石贵重得多。阅读开阔视野，阅读丰富知识，阅读增长见识，阅读启迪思维，阅读提升气质。"胸藏文墨怀若谷，腹有诗书气自华。"

这世界上有两样东西，是别人抢不走的：一是藏在心中的梦想，二是读进大脑的书。读书足以使人怡情、明智、灵秀、庄重，所谓"凡有所学，皆成性格"。人生最大的捷径就是用时间和生命阅读一流的好书。读书是世界上门槛最低的高贵举动。只要付出一个汉堡的价钱，便可以得到一个作者在那段岁月所有的沉淀、思考与智慧。记得有一段关于读书的话，是这样写的：读书多了容颜自然改变。许多时候，自己可能以为许多看过的书籍都成了过眼烟云，不复记忆，其实它们仍是潜在的，在气质里，在谈吐中，在举止上，当然也能显露在生活和文字中。一个人语言文字的风格和演讲的风范，与他的阅读有着太大的关系。文字的风格是有出处的，人们常说"字如其人"，其实"语如其人""文如其人"都是有道理的，也都是有出处和"来源的"。正所谓"怀山之水，必有其源；参天之木，必有其根"。

一个人的命运取决于他所遇到的人、看过的书、上过的课、交往过的朋友！读书的人可以体验一千种人生，不读书的人却只能活一次。阅读带来的不仅仅是高贵，更是对生活的享受和对生命的感悟。正如本书中所说：读万卷书还得行万里路，行万里路不如阅人无数，阅人无数不如名师指路，名师指路还得自己开悟。读书是门槛最低的高贵，悟性是读书最高的智慧。

读书的确要有讲究，因为阅读经典好书，才能够享受智慧生活。

与中天华南集团董事长吴险峰先生相识于2018年武汉大学的一次培训课堂，当时正值春天樱花盛开之际。在几年的相识与交往中，险峰先生读了我的几本书，有《品牌归于管理》《创意思维与创新》等，他说《创意思维与创新》一书一直放在床头并时常翻阅，他是一位喜欢学习，也善于学习的人，并坦言经常从我写作的书中汲取灵感，运用于企业的管理实践与日常生活之中。出版的书能够得到读者的欣赏与认同，对作者而言是莫大的肯定。这一段时期，我们是作者和读者的关系。

从朋友的交往与相处，彼此之间有了认同与默契，到成为本书的合作伙伴，这一切自然而然，顺理成章。中天集团是国内一家具有相当实力的民营建筑企业，集团公司凝练的用建筑"真心缔造美好家园"的企业使命和"中天建设，每建必优"的企业口号与社会承诺非常独特。在与险峰先生的交流之中，我们就碰出了用"用文字真心缔造美好生活"的"火花"，于是，有了本书写作时"每章必优""写书不将就"的要求，以及各位有缘的朋友和读者面前的这本书的付梓出版。

感谢团队的成员们：他们是硕士研究生王霆威、徐姝玥、郑恒旭、何漫、冯苗苗、李岚宇、黄喆铭、徐淑亚、常歆玥，博士程阳当初也参与了部分工作。如今他们有的已经毕业，走上了工作岗位，有的也即将踏上新的征程。本书是在我给社会各界所做的"沟通能力与智慧人生"专题培训基础上完成的，团队成员参加了我的现场培训，他们录音、记录，并整理了演讲的文字内容，收集了相关案例。用团队成员自己的话说，他们参与整理和写作的过程是一个学习和成长的过程，也许若干道理和人生的感悟就他们目前的经历和阅历难以理解和领会，但我依然能够感受到团队成员在读书、学习期间的进步与成熟。祝愿所有的学生们能够在各自的人生征途中不惧困难，不断磨炼，坦然面对，从容淡定，相信"长风破浪会有时，直挂云帆济沧海"！祝福他们！

还有中天华南集团的几位朋友：张衡、吴克石、徐波、杨晓虹、何廉波、沈利君等，在书稿撰写过程中他们也参与了交流和谈论，提出了各自的意见与建议。其中本书第九章"从有效的沟通到卓越的团队"就是由险峰先生及其助手执笔完成的。

不能不说人与人之间的关系的确是一种机缘所在，也是一件很奇妙的事情，正是因为这种机缘与奇妙，演绎了我们各自的人生，有着与多人多重"交集"汇聚而成的丰富的、有意义的人生。

鼎业安环科技集团的董事长罗恪先生是集团公司的创始人，我们交往已有多年，听说本书即将出版，他说希望能够得到第一本签名书，感谢他对本书的关注与厚爱。3月31日，我们相约在东湖磨山风景区聚餐，相谈甚欢，于是就有了为鼎业集团写一本关于企业文化的书的想法。书名初拟为《鼎之魂，业之峰》，这也是本书出版后的一项新任务。

我把完成后的打印稿送给红波先生，他看完后，立马和他的朋友湖北品百味酒业公司的总经理贾远勇一起表态预订千余册。武汉大学苏州研究院院长黄佐斌兄长特别关注本书的出版，我与黄院长约定，将在苏州最美的季节给武汉大学苏州校友会做一场关于沟通主题的报告。感谢小青女士对本书的关注，我们的友谊也源自2016年武大樱花季的一场培训报告，今年春节期间两家人一起在海南三亚聚餐，我也已邀约她参加海南陵水举行的新书品鉴会。

　　特别要提及我的兄长周波先生，书稿完成后请他指导，他在读完书稿后对本书进行了点评，也可以称之为谬赞：语言文字显露格局，团队细节成就事业，示弱沟通彰显智慧，换位思考启迪人生。听说新书的首场品鉴会5月份在具有600年历史的昙华林举行，表示一定要参加。谢谢周波大哥！

　　衷心感谢关心、关注本书出版的朋友们，你们的关爱之情如春风拂面，花开暖心！

　　行文至此，突然想起一位大学校长与我聊天时谈起他一生从事教育的理念：爱校如家，爱师如己，爱生如子，爱树如命，爱书如痴！好一句"爱书如痴"，这样的书得有多高的格调和品位呀！写书之人，理所当然应该写好书，让喜欢读书的人爱上你的书，于写书人而言这既是莫大的荣幸，也是最高的褒奖，更是热切的激励和更高的期盼！

　　虽不能至，心向往之。

　　谨记之，是为不结的结语。

程　明

2024年4月9日